FACULTÉ DE DROIT DE L'UNIVERSITÉ DE TOULOUSE

DE LA

RÉPRESSION DE LA MENDICITÉ

THÈSE POUR LE DOCTORAT

PAR

René DUCURON-TUCOT

AVOCAT

TOULOUSE

IMPRIMERIE MARQUÉS & Cie, BOULEVARD DE STRASBOURG, 22.

1899

125

8° F

FACULTÉ DE DROIT DE L'UNIVERSITÉ DE TOULOUSE

DE LA

RÉPRESSION DE LA MENDICITÉ

THÈSE POUR LE DOCTORAT

PAR

René DUCURON-TUCOT

AVOCAT

TOULOUSE

IMPRIMERIE MARQUÉS & Cᵢₑ, BOULEVARD DE STRASBOURG, 22.

1899

FACULTÉ DE DROIT DE TOULOUSE

La Faculté n'entend approuver ni désapprouver les opinions particulières du candidat.

BIBLIOGRAPHIE

BLANCHE. — *Etudes pratiques sur le Code pénal* (2ᵉ édition). Tome IV, nᵒˢ 318 à 351.

BOITARD. — *Leçons de Droit criminel* (11ᵉ édition), nᵒˢ 322 à 324.

CHAUVEAU et FAUSTIN-HÉLIE. — *Théorie du Code pénal* (6ᵉ édition). Tome III, nᵒˢ 1091 à 1135.

GARRAUD. — *Droit pénal* (1891). Tome IV, pages 88 à 97 et 110 à 124.

DALLOZ. — *Jurisprudence générale* et Supplément, vᵒ Vagabondage.

FUZIER-HERMAN. — *Répertoire alphabétique du Droit français*, vⁱˢ Mendicité, Assistance publique.

Pandectes Françaises. — *Répertoire du Droit français*, vᵒ Assistance publique.

Institutions pénitentiaires de la France en 1895 (publication de la Société générale des Prisons).

BERNARD (P.) — *Etude historique sur les conditions de la répression en matière de mendicité* (Grenoble, 1879).

CHANOINE, d'Avranches. — *Des conditions légales et de l'histoire du délit de mendicité* (Rouen, 1889).

HUBERT du Puy. — *Vagabondage et Mendicité* (Paris, Laroze, 1899).

LALLEMAND (Léon). — *La Révolution et les pauvres*, (Paris, 1898).

MAGNITOT (de). — *De l'assistance et de l'extinction de la mendicité* (Paris, MDCCCLVI).

OUBERT (Adolphe). — *Les moyens de prévenir et de réprimer le vagabondage et la mendicité* (Dijon, imprimerie Barbier-Marillier, 1893).

PAULIAN. — *Paris qui mendie ; les vrais et les faux mendiants* (Paris, 1897).

RIVIÈRE. — *Rapport au Congrès de Paris* (1895), 3ᵉ section.

STEPHEN. — *Commentaries on the laws of England*, tome III, chapitre II.

Actes du Congrès d'Anvers (1894), 2 vol.

Revue pénitentiaire ou Bulletin de la Société générale des prisons (1877-1898).

Revue étrangère de législation (Fœlix). — Tome IV, pages 662, 768 — Tome V, pages 134, 668 — Tome VI, page 209.

Revue WOLOWSKI. — *De l'insuffisance des dispositions du Code pénal, destinées à prévenir la mendicité* (Dufour). — Tome XV, pages 302, 475 — Tome XVI, page 178.

Revue politique et parlementaire. — Tome I, page 181 — Tome IV, page 546 — Tome V, pages 141, 523, 552.

Revue d'économie politique. — Législation de l'Allemagne (mars 1892, page 268).

Revue des Deux-Mondes. — Misère et criminalité (année 1887).

Bulletin de la Société de législation comparée. — (année 1893, page 152. — Tome XVIII, pages 300 et s.).

Réforme Sociale. — Les prisons de Belgique, Tome XXVIII, pages 325 et s.).

Gazette des Tribunaux. — De la répression en matière de mendicité (1ᵉʳ janvier 1880).

Economiste Français. — Les associations contre la mendicité en Allemagne (1880, page 254).

Journal des Economistes. — Vagabondage et mendicité (avril-juin 1888, page 358).

Journal Officiel. — Débats et documents parlementaires.

Bulletin Criminel. — Recueil d'arrêts.

SIREY. — Recueil d'arrêts.

DALLOZ. — Recueil d'arrêts.

DE LA RÉPRESSION DE LA MENDICITÉ

INTRODUCTION

La criminalité s'est accrue depuis vingt ans d'une façon considérable. La loi pénale reste impuissante. On constate un nombre sans cesse croissant de récidivistes. Parmi ce monde de la criminalité et de la récidive, les mendiants tiennent une grande place. La statistique vient à l'appui de ce que nous avançons :

ANNÉES	PRÉVENUS CORRECTIONNELS	MENDIANTS
1886	223.129	14.025
1892	248.537	15.776
1893	247.888	14.321
1894	249.166	14.955
1895	238.109	13.724

2

On voit par ce tableau quel contingent énorme viennent apporter les mendiants dans le nombre des prévenus correctionnels. Nous allons constater le même fait, si nous comparons le nombre des mendiants récidivistes et le nombre total des récidivistes correctionnels.

ANNÉES	RÉCIDIVISTES CORRECTIONNELS	MENDIANTS RÉCIDIVISTES
1886	91.055	11.020
1892	105.380	11.450
1893	104.528	10.679
1894	104.463	11.568
1895	99.434	10.246

Si nous considérons ces deux statistiques, nous pouvons encore faire une remarque, c'est que le nombre des mendiants tend à diminuer en 1895. Cette amélioration est due aux efforts du législateur et des Sociétés de Patronage.

C'est là une constatation que nous nous bornons à faire ici, nous réservant d'y revenir pour l'expliquer[1]. Pour le moment, nous avons voulu démontrer la place qu'occupent les mendiants parmi les délinquants.

Jamais le nombre des mendiants qui dans la rue implorent la charité des passants n'a été si considé-

(1) Deuxième partie, chap. I.

rable. La mendicité est devenue une véritable profession. Certains entrepreneurs organisent à leur profit la mendicité dans divers quartiers de Paris. Ils embauchent de vrais ou de faux estropiés et leur fournissent le déguisement nécessaire. Ils possèdent en magasin tous les instruments dont le mendiant peut avoir besoin.

Bien des mendiants pour inspirer la pitié font souffrir des enfants, qu'ils louent la plupart du temps. M. Paulian, que nous aurons souvent l'occasion de citer, signale une femme qui, à Paris, sur le pont de la Concorde, allaite son enfant depuis quinze ans, sans jamais être inquiétée.

A côté de cette mendicité des rues, qui se cache quelquefois sous la vente du papier à lettre, des almanachs, etc., il en existe une autre.

Celle-là ne tend pas la main au premier venu pour une pièce de monnaie ; elle ne se tient pas en haillons au seuil des églises ou au coin des bornes. Elle est plus exigeante et choisit son monde. C'est la mendicité à domicile.

Les mendiants de cette catégorie frappent aux portes cochères, pénètrent dans les riches appartements. Si on leur refuse l'entrée, ils font parvenir une lettre, et réclament ordinairement, au nom d'honorables services ou de grands malheurs, de quoi payer de lourdes dettes, le prix d'un long voyage, la nourriture d'un trimestre ou une année de loyer, etc.

A Paris, il y a le *Bottin des mendiants* qu'ils appellent le « grand jeu. » Il coûte six francs. Il contient un grand nombre d'adresses, et à chaque nom est jointe une petite biographie.

Grâce à ce livre, le rôle du mendiant est simplifié. Il peut connaître jusqu'aux manies de la personne à la porte de laquelle il va frapper, et comment il doit se présenter.

Il existe également le « petit jeu », qui ne contient que des adresses.

Les mendiants dont nous venons de parler sont des mendiants véritables, ceux qui se contentent de mendier. A côté de ces mendiants, on trouve les mendiants vagabonds.

Ce sont des gens sans domicile fixe, qui parcourent surtout les campagnes, sans vouloir travailler ; ils mendient pour assurer leur subsistance. Ils sont bien plus dangereux pour la société que les mendiants qui se bornent à tendre la main. L'arrogance, la menace et souvent même la violence sont au nombre des moyens d'action les plus habituels des mendiants vagabonds. Sûrs de l'impunité, ce n'est plus une aumône qu'ils demandent ou qu'on leur donne, mais souvent un véritable tribut qu'ils prélèvent, moins sur la charité que sur la crainte. Parmi les personnes, en effet, auxquelles ils s'adressent, les unes cèdent à la peur ; quant aux autres, elles croient que l'hospitalité qu'elles donnent porte bonheur à leur maison.

Si quelques propriétaires essaient d'interroger ces individus, ils invoquent des malheurs imaginaires. Les uns ont été chassés de leur domicile par un incendie, les autres sont des ouvriers sans travail. Si on leur offre de l'ouvrage, ils demandent le taux du salaire, ils le discutent, et finissent par refuser presque toujours. S'ils acceptent, çe n'est pas pour longtemps; ils reprennent vite leur vie errante.

J'ai été personnellement témoin de ce fait.

Ayant offert, un soir, de l'ouvrage à un de ces mendiants, il accepta. Après avoir pris son repas, il alla se reposer, en me déclarant qu'il était absolument disposé à travailler et en me disant : A demain. Le lendemain matin, mon homme avait disparu, et je ne l'ai plus revu.

Bien souvent, ces mendiants se livrent à de véritables vols. Les fruits ou les légumes du verger, le linge de la ménagère qui sèche sur une haie, la volaille qui s'aventure loin des regards de l'enfant qui veille, tout leur est bon. Il faut bien d'ailleurs que le proverbe, accrédité parmi les mendiants de nos départements du Centre, ait raison : « Une besace bien « portée vaut mieux qu'une charrue de bœufs. »

Mais ce n'est pas de ces mendiants vagabonds que nous allons parler. Nous nous occuperons seulement des mendiants proprement dits, de ces mendiants qui se contentent de tendre la main. Il y en a parmi eux de fort intéressants : ce sont les vrais pauvres, les malheureux qui sont dans l'impossibilité de subvenir à leurs besoins. Ils sont victimes d'une mauvaise fortune, dans bien des cas. A côté d'eux, il y en a d'autres qui ne méritent pas notre sympathie. Ce sont des gens qui pourraient travailler, mais qui trouvent

plus commode de mendier. Ils détournent à leur
profit les produits de la charité publique, au détriment
des vrais malheureux. Ce sont les aristocrates de la
mendicité, suivant l'expression d'un magistrat belge [1],
les voleurs des pauvres comme les appelle M. Paulian.

Ces faux mendiants sont un fléau qu'il faut combattre, bien que ce soit là une lourde tâche.

« L'extinction de la mendicité, disait M. Monod, au
« Conseil supérieur de l'Assistance publique, est un
« des problèmes dont on a poursuivi la solution en
« France avec le plus de persévérance et le moins de
« succès. » Cette pensée est fort juste. Nous aurons
l'occasion de constater souvent, dans le courant de
notre travail, que les moyens employés pour combattre la mendicité sont incomplets et inefficaces. Après
l'avoir démontré, nous indiquerons quels sont les
remèdes à apporter à une pareille situation. Organiser un système de secours publics et de secours privés pour prévenir et combattre la misère, et compléter
ce système par une méthode efficace de répression
contre la mendicité professionnelle, voilà l'œuvre
que notre société moderne doit réaliser.

C'est cette idée qui nous a amené à étudier la mendicité. Nous y avons été fortement encouragé par notre savant professeur de droit criminel et de science
pénitentiaire, M. Vidal. Il nous a fait partager ses
sentiments si élevés et si désintéressés vis-à-vis des

_____

(1) M. Gallet, juge de paix à Anvers.

pauvres et des déclassés. Nous l'en remercions profondément, et nous serions trop heureux si nous pouvions contribuer avec lui à diminuer le nombre de ces malheureux et de ces déclassés.

Nous avons eu besoin d'encouragements pour entreprendre un pareil sujet. Car, nous ne nous dissimulons pas que ces mots : *extinction de la mendicité*, éveillent dans certains esprits des sentiments de doute et d'incrédulité. Beaucoup de personnes restent convaincues que le problème est insoluble. Tout en déplorant les abus de la mendicité, elles ne craignent pas de condamner à l'avance les efforts qu'on pourrait faire.

Quoi qu'il en soit, nous essaierons de démontrer qu'il y a quelque chose à faire, et que, si on ne peut pas supprimer complètement la mendicité, on peut au moins l'atténuer dans de grandes proportions.

Les causes de la mendicité peuvent être rangées sous trois chefs :

1° Infirmités naturelles ou accidentelles ;

2° Education ou manque d'éducation de famille ;

3° Vices propres aux individus.

La société a quelque action préventive sur les deux premières causes. Elle peut empêcher un infirme de mendier, et cela en lui accordant des secours. Car, en somme, cet infirme est plus malheureux que coupable.

Il en est de même de celui qui a été dressé à la mendicité. Dans certaines familles, on habitue les enfants à mendier. Il faut qu'en rentrant, le soir, ils rapportent une certaine somme; sans cela, on ne leur ménage pas les mauvais traitements. Que deviennent ces enfants ? Des mendiants de profession. Ils ont pris goût à la mendicité; ils n'ont jamais eu l'habitude du travail; ils ne connaissent d'ailleurs aucun métier [1]. La loi permet d'arracher ces malheureux à un contact dangereux ; elle punit même ceux qui les emploient à la mendicité.

En effet, la loi du 7 décembre 1874, sur la protection des enfants employés dans les professions ambulantes, punit d'un emprisonnement de six mois à deux ans, et d'une amende de 16 à 200 francs, les pères, mères, tuteurs ou patrons qui auront livré, soit gratuitement, soit à prix d'argent, leurs enfants, pupilles ou apprentis âgés de moins de seize ans, aux individus exerçant des professions ambulantes, ou qui les auront placés sous la conduite de gens sans aveu ou faisant métier de mendicité. La condamnation entraînera de plein droit (art. 2), pour les tuteurs, la destitution de la tutelle; les pères et mères pourront être privés des droits de la puissance paternelle.

L'article 3 ajoute : « Quiconque emploiera des « enfants âgés de moins de seize ans à la mendicité « habituelle, soit ouvertement, soit sous l'apparence « d'une profession, sera considéré comme auteur ou « complice du délit de mendicité en réunion, prévu

(1) On peut ajouter à ces dangers le mauvais exemple qu'ont certains enfants au sein de leur famille.

« par l'article 276 du Code pénal et sera puni des
« peines portées audit article. Dans le cas où le délit
« aurait été commis par les pères, mères ou tuteurs,
« ils pourront être privés des droits de la puissance
« paternelle, ou être destitués de la tutelle. »

Cette loi était incomplète. Elle n'avait pas prévu
tous les cas où les enfants sont livrés à une vie dangereuse au point de vue moral. En outre, elle ne
s'occupait pas des enfants dont les parents avaient
été déchus de la puissance paternelle. Aussi, elle n'a
pas été exécutée.

Cet état de choses émut l'opinion publique ; et,
après une enquête de la Société Générale des Prisons,
on vota la loi du 24 juillet 1889, sur la déchéance de
la puissance paternelle.

Cette loi est venue compléter la précédente. Elle
prononce la déchéance de la puissance paternelle
contre les parents indignes, c'est-à-dire contre ceux
dont la conduite est telle qu'on ne peut pas leur
laisser les enfants (art. 1 et 2). La loi de 1889 règle
le sort des enfants des parents déchus. En principe,
la puissance paternelle est remplacée par la tutelle.
A défaut du père, c'est la mère qui est tutrice, comme
dans le Code civil. S'il n'y a pas de tutelle ordinaire
possible, une tutelle administrative s'ouvre (Art. 11).

L'assistance publique garde les enfants ou les
confie à des personnes ou à des sociétés.

Les parents déchus peuvent être remplacés par des
personnes qui réclament la tutelle officieuse (art. 13).

La déchéance de la puissance paternelle est complète. Tout ce qui se rattache à cette puissance est enlevé. Aussi les magistrats répugnent à prononcer la déchéance.

La loi du 19 avril 1898, en même temps qu'elle réprime les mauvais traitements commis sur les enfants, a donné certaines facilités aux magistrats. En dehors de tout mauvais traitement, si un enfant est poursuivi, le juge d'instruction ou le tribunal peuvent, sans prononcer la déchéance de la puissance paternelle, confier la garde de l'enfant à un particulier, à une Société de sauvetage de l'enfance ou à l'Assistance publique (art. 4 et 5).

Si maintenant nous passons aux mendiants qui sont tels par goût ou par instinct, nous sommes obligés de reconnaître qu'ils sont difficiles à corriger. Il faut une répression sévère pour ces individus qui ne veulent pas travailler, pour ces parasites qui vivent sans rien faire aux dépens de la société.

La mendicité n'est pas punissable par elle-même. Le mendiant n'est pas en principe un homme dangereux. Que peut en effet la loi pénale, contre un individu sans ressources, qui ne peut s'en procurer qu'en tendant la main ? Absolument rien. Cet individu relève de l'assistance publique. Il faudra le secourir, au lieu de le punir [1].

Mais quand on se trouve en présence d'un faux

___

(1) Cette idée se trouve reproduite dans une circulaire, au sujet du vagabondage et de la mendicité, adressée récemment aux procureurs généraux par M. Lebret, ministre de la justice. (V. *Journal Officiel* du 3 mai 1899).

mendiant, qui commet une véritable escroquerie au préjudice des vrais malheureux, la loi pénale a le droit d'intervenir et de dire à ce voleur des pauvres : Vous pouvez vous procurer des moyens de subsistance par votre travail ; vous préférez mendier et faire de la mendicité un métier. En agissant ainsi vous portez un véritable préjudice à des malheureux qui ne peuvent rien faire pour améliorer leur situation. Vous leur volez des sommes énormes qui leur sont dues : vous portez ainsi un trouble dans la société. Par conséquent, nous avons le droit de vous punir.

C'est ce qu'a fait notre Code pénal dans les articles 274 et suivants.

La mendicité peut être incriminée sous deux rapports : comme délit *sui generis* et comme circonstance aggravante d'autres délits.

Nous allons examiner comment les législations anciennes ont compris la répression de la mendicité.

PREMIÈRE PARTIE

HISTORIQUE ET LÉGISLATION

CHAPITRE I

Des origines au décret du 5 juillet 1808

Les anciens législateurs se sont plus préoccupés du paupérisme que de la mendicité. Pour arriver à le détruire, ils se sont appliqués à le combattre dans son principe, les uns par une égale répartition des terres entre les habitants, les autres par l'établissement d'une communauté de biens entre les citoyens ou les membres d'une même famille, d'autres par l'hérédité des professions. C'était une utopie. En supprimant l'intérêt personnel, ils avaient encouragé l'oisiveté : ainsi se trouvait détruite l'égalité sociale.

Aussi on fut bientôt obligé de prendre des mesures rigoureuses contre l'oisiveté. Anasis prononça la peine de mort contre les Egyptiens convaincus de fainéantise habituelle. Dracon imposa la même loi aux Athéniens.

L'empire romain avait connu lui aussi le fléau de la mendicité. Chaque personne s'arrogeait le droit de chasser de la province les hommes mal famés et dangereux. On permettait aux magistrats de punir les mendiants valides. Mais, nulle part, on ne trouve trace d'assistance publique.

C'est dans l'œuvre législative de Charlemagne qu'on rencontre pour la première fois une vue nette du problème. Il distingue entre les mendiants valides et les mendiants invalides. Un capitulaire de l'an 806 interdisait de nourrir tout valide qui refusait de travailler.

Et, pour que le précepte fut praticable, il défendait aux mendiants de sortir de leur paroisse et à quiconque de leur faire l'aumône ailleurs. Localisation de la mendicité, obligation de travailler, telle était la caractéristique des mesures prises par Charlemagne.

La première ordonnance répressive fut rendue par Jean le Bon en 1350. Elle porte contre « les gens « oiseux, truandants, joueurs de dez, ou enchanteurs « publics », des peines dont les degrés sont : la prison, le pilori, la marque au front, la mutilation des oreilles, le bannissement. Cette ordonnance ne s'appliquait qu'à Paris et au ressort de sa vicomté.

Jean le Bon, persuadé que le travail seul pouvait régénérer ces déclassés, voulut le leur imposer par force. En 1354, il rendit une autre ordonnance pour fixer le prix des salaires et l'organisation du travail.

Ces mesures n'enrayèrent pas la mendicité. Louis XI et Charles VIII édictèrent à leur tour des mesures répressives fort sévères. Une déclaration royale du 6 juillet 1493 accorda à chaque bailli une garde de 40 hommes pour arrêter les mendiants vagabonds. On confondait alors le pillage à main armée et la mendicité errante et valide ; l'un et l'autre étaient punis avec la même sévérité.

Cependant le gouvernement prit quelques mesures en faveur des indigents. Charles V avait créé l'assistance judiciaire (novembre 1364). Charles VII plaça l'aumône au premier rang dans ses dépenses. .

Aussi, la misère recula un moment. Mais l'assurance de vivre sans travailler développa chez les pauvres le goût de la vie facile et désœuvrée. Les vrais nécessiteux en souffrirent.

Pour arriver à les connaître, François Ier fit dresser une sorte d'état ou de registre permanent, sur lequel on inscrivit le nom des malheureux. Puis, par un édit de 1536, il ordonna l'organisation, dans les principales villes, de bureaux de charité pour assurer des secours et la nourriture aux indigents.

Enfin, une déclaration du 15 février 1545 crée des ateliers de charité pour permettre de séparer les mendiants valides et les mendiants invalides. Pour les premiers, au cas où ils seront réfractaires au travail, ils seront punis des verges, du fouet, du bannissement.

Sous Henri II, la notion de la mendicité devient plus claire. Elle est divisée en trois espèces, appelant chacune un traitement différent : les mendiants valides, astreints à des travaux d'utilité publique ; les mendiants invalides, sans feu ni lieu, lesquels doivent être répartis entre les hôpitaux ; les pauvres malades et invalides, ayant un abri, mais incapables de travailler, lesquels recevront des secours à domicile ou « en tel autre lieu commode », d'après des rôles établis par les curés ou vicaires et marguilliers.

Ces dispositions furent reproduites par le chancelier de L'Hôpital dans une ordonnance de 1566. Elles furent mal appliquées.

Malgré cela, nous retrouvons là les principes d'aujourd'hui. L'assistance doit être le plus possible communale ; le secours à domicile est préférable à l'hospitalisation ; l'indigent valide doit gagner sa vie par son travail.

Le 27 août 1612, Louis XIII prescrivit la création de quelques maisons de travail où les mendiants valides seraient enfermés et astreints à un travail de douze à treize heures par jour.

C'est la première fois qu'apparaît le dépôt de mendicité appelé à cette époque « renfermerie ».

L'idée s'affirme sous Louis XIV. Un édit porta la création de l' « Hôpital Général » pour le « renfermement des pauvres mendiants de la ville et des faubourgs de Paris ». Cet hôpital est plus connu sous le nom de la *Salpêtrière*. Il comprenait cinq établissements :

La Pitié, pour les jeunes filles et les femmes infirmes ;

Scipion, pour les femmes enceintes ;

La Salpêtrière ou *Saint-Denis,* pour les vieilles femmes et les enfants de moins de sept ans ;

Saint-Jean, aussi appelé *Bicêtre,* pour les incurables et les estropiés ;

La Savonnerie, pour les enfants de sept à quinze ans, auxquels on apprenait la lecture et divers travaux manuels, notamment la fabrication des tapis d'Orient.

A la fin du dix-septième siècle, l'Hôpital-Général contenait une population de plus de six mille indigents, que les mémoires du temps représentent comme soumis aux plus durs traitements.

En 1662, un autre édit étend à toute la France le principe de l'institution, et en 1669, il est enjoint de nouveau à tous mendiants de se retirer au lieu de leur naissance et aux officiers et échevins d'accueillir les infirmes avec charité, de procurer du travail aux valides.

Sous l'inspiration de Letellier (16 avril 1685), Louis XIV créa à Paris des ateliers de charité pour y établir le travail forcé. Il s'agissait de purger Paris de ses mendiants.

Les pauvres valides de la ville et de sa banlieue, après s'être fait inscrire sur un registre ouvert *ad hoc*, à l'Hôtel-de-Ville, devaient se rendre aux ateliers. Ils ne pouvaient ni en sortir sans autorisation, ni mendier sous peine d'être condamnés « sans forme, ni figure de procès », à des peines variées.

Les hommes étaient, pour la première fois, détenus à Bicêtre ; la deuxième fois, ils étaient envoyés aux galères. Les femmes étaient fouettées, rasées et envoyées à la Salpêtrière. Les enfants de moins de quinze ans étaient fouettés, puis retenus par mesure de correction dans les maisons de l'Hôpital.

Cette déclaration fut renouvelée par celle du 16 février 1699.

Une nouvelle déclaration du 25 juillet 1700 ordonne à toutes personnes de quinze ans et au-dessus de

3

gagner leur vie par le travail , sous peine d'être punies ; et comme corrélation, elle répète l'injonction déjà faite aux mendiants de se retirer dans la quinzaine dans le lieu de leur naissance.

Ainsi, de Charlemagne à Louis XIV, on voit l'autorité publique s'efforcer de localiser le mal, soit en confinant le mendiant au lieu de son domicile, soit en le renfermant dans les hospices ou les ateliers.

De 1700 à 1722 , quatre ordonnances nouvelles rappellent les prescriptions antérieures.

Avec la déclaration du 18 juillet 1724, nous entrons dans un ordre d'idées un peu différent.

Elle est le point de départ de tout ce qui a suivi depuis en matière de dépôts de mendicité.

Les deux premiers articles ont une importance capitale.

L'article 1 enjoint à tout mendiant valide de prendre un emploi pour subsister. Les invalides, les femmes enceintes , les nourrices et les enfants devront se présenter dans la quinzaine dans les hôpitaux les plus proches où ils seront reçus et occupés, suivant leurs forces, au profit des hôpitaux.

L'article 2 permet à tous mendiants valides qui n'ont pas trouvé d'ouvrage dans la quinzaine de s'engager aux hôpitaux, qui leur fourniront la nourriture et l'entretien. Ils seront employés aux travaux des ponts et chaussées et autres; ils travailleront au profit de l'hôpital, qui leur donnera toutes les semaines un sixième du prix, à titre de gratification ; ceux qui quitteront sans congé ou pour aller mendier de nouveau seront condamnés à cinq ans de galères.

La déclaration du 20 octobre 1750 annonce un règlement général sur le vagabondage et la mendicité et réitère les injonctions antérieures.

L'internement des mendiants durera le temps jugé convenable par les directeurs

Toutes ces prescriptions eurent peu d'effet.

En 1767, on arrêta plus de cinquante mille mendiants. En 1777, on comptait un million deux cent mille mendiants pour une population de moins de vingt-cinq millions, soit quarante-huit pour mille.

Tel était l'état de la mendicité au moment de la Révolution.

La Révolution ne se contenta pas de mesures isolées. Elle organisa l'Assistance publique, considérée comme un devoir social. Mais pour les valides, le corrélatif du droit à l'Assistance, c'est le devoir de travailler. De là découle le droit et l'obligation de réprimer la mendicité. Le mendiant ne doit pas exploiter celui qui travaille. Aussi, la Révolution édicta des peines sévères contre les mendiants incorrigibles.

La Constituante décréta que chaque nécessiteux serait secouru dans son département. Elle mit les dépenses de l'assistance à la charge du Trésor, qui subventionnait les départements.

La Constituante appliqua ces idées. Elle déclara dans la Constitution de 1793 que « les secours publics « sont une dette sacrée, et que la société doit la sub-

« sistance aux citoyens malheureux, soit en leur pro-
« curant du travail, soit en assurant à ceux qui sont
« hors d'état de travailler des moyens d'exister. »

Elle promulgua les décrets fameux des 19 mars
1792, — 24 vendémiaire an II (15 octobre 1793) —
22 floréal an II (11 mai 1794).

Par le décret du 19 mars 1792, chaque législature
devait délivrer aux départements une somme annuelle
à répartir par cantons et par communes. L'assistance
assurait du travail aux pauvres valides, des secours
à domicile aux invalides. Aussi le décret du 24 vendémiaire an II défend l'aumône privée, et prononce
contre les mendiants des pénalités graduées. La
première fois on les conduisait devant le juge de
paix qui leur adressait un simple avertissement. La
deuxième fois, ils étaient condamnés à un an de
détention, la troisième fois, à deux ans ; la quatrième
fois, on les déportait dans l'île de Madagascar.

Le décret du 22 floréal an II accordait des secours
politiques aux défenseurs de la patrie, à leurs veuves
et à leurs enfants. Il donnait des primes et des pen-
sions aux artisans et laboureurs qui s'étaient livrés
pendant plus de vingt ans à la culture de la terre ou
qui avaient exercé hors des villes une profession
mécanique.

Toutes ces mesures ne produisirent pas les résultats qu'on en avait attendus. La Convention eut le
tort de fermer des établissements de charité et de
s'emparer des biens des hôpitaux. La misère s'accrut :
il fallut prendre des mesures énergiques.

La loi du 10 vendémiaire an IV sur la police intérieure, dit que tout individu voyageant sans passe-
port hors de son canton sera arrêté et détenu jusqu'à
ce qu'il ait justifié d'un domicile. S'il ne fait pas cette
justification dans le délai de deux décades, il est tra-
duit devant les tribunaux compétents.

La loi du 2 germinal an IV ordonne à tout mendiant valide sans domicile, de rejoindre sa commune
d'origine, à peine d'y être ramené par la force publique et condamné à une détention de trois mois.

Mais ces lois ne furent exécutées que le jour où
la gendarmerie, réorganisée par la loi du 28 germinal
an IV, reçut dans ses attributions la surveillance des
mendiants.

Cependant tout cela était insuffisant. Il fallait un
système de législation conforme aux idées du temps.
L'Assemblée législative avait posé la théorie fondamentale d'une loi sur la mendicité : avant de réprimer la mendicité comme un délit, il faut offrir au
mendiant valide le travail, comme un secours, et au
mendiant invalide la subsistance. Cette théorie reçut
une application pratique par la création des dépôts de
mendicité.

CHAPITRE II

Décret du 5 juillet 1808, sur l'extirpation de la mendicité. — Dépôts de mendicité.

Nous venons de voir que l'Assemblée législative avait posé la théorie fondamentale d'une loi sur la mendicité. On voulut essayer de la mettre en pratique.

En 1807, on créa dans le département de la Côte-d'Or un établissement spécial auquel on donna le nom de dépôt de mendicité. Il ne ressemblait en rien aux établissements anciens du même nom. Tout vagabond ou prévenu de droit commun en était soigneusement exclu. Les mendiants seuls y étaient admis, soit qu'ils se présentassent volontairement, comme la loi les y conviait, soit qu'ils y fussent placés d'office après leur arrestation. Ils n'y étaient pas enfermés à titre de correction, mais seulement retenus pendant le temps jugé nécessaire pour leur apprendre à gagner leur vie par le travail. Le dépôt de mendicité était destiné moins à réprimer qu'à prévenir.

Avec cette organisation, tout prétexte était retiré au pauvre pour se livrer à la mendicité. La société pouvait lui défendre de mendier, parce qu'elle pourvoyait à ses besoins. La loi lui montrait le chemin du dépôt. Tout mendiant qui ne s'y rendait pas manifestait une volonté arrêtée de ne rien faire et de contrevenir à la loi. Il devait être condamné.

Tel était le principe. L'expérience tentée dans la Côte-d'Or fut heureuse. On généralisa la mesure.

Un décret du 5 juillet 1808 créa dans chaque département un dépôt de mendicité organisé suivant le système nouveau. Un règlement uniforme, en date du 27 octobre 1808, détermina le régime industriel, économique et moral qui devait y être suivi.

Les articles 1 et 2 du décret du 5 juillet 1808 sont fort importants. Ils sont ainsi conçus :

Art. 1. — La mendicité sera interdite dans tout le territoire de l'Empire.

Art. 2. — Les mendiants de chaque département seront arrêtés et traduits dans les dépôts de mendicité dudit département, aussitôt que le dépôt aura été établi. — Chaque dépôt de mendicité devra être créé et organisé par un décret particulier.

Dans les dépôts, les assistés sont divisés en deux catégories :

1° Les reclus volontaires admis sur décision du préfet, du maire et de la Commission administrative;

2° Les mendiants condamnés par application de l'article 274 du Code pénal, que nous retrouverons dans le chapitre III.

Le décret du 5 juillet 1808, art. 6, pose le principe de la séparation des sexes et des âges dans les dépôts de mendicité. Les instructions ministérielles des

19 décembre 1808, 6 février 1816, et surtout le règlement du 27 octobre 1808 déterminent les règles relatives au régime intérieur des dépôts de mendicité, les travaux auxquels doivent être occupés les détenus, etc. Au reste, chaque préfet a l'habitude de déterminer par un arrêté spécial le règlement du service intérieur du dépôt de mendicité de son département.

Les dépôts de mendicité sont placés sous la surveillance du préfet. Auprès de lui se trouve un conseil de cinq membres chargé spécialement de l'inspection intérieure de l'établissement et de délibérer sur tous les actes qui auront besoin de la sanction des autorités surveillantes.

Les membres du Conseil sont nommés par le ministre de l'intérieur et renouvelés chaque année par cinquième, dans les formes prescrites par le décret du 7 germinal an XIII.

Le Conseil ne peut prendre d'arrêtés ; il n'agit que par voie de délibérations, et ses délibérations ne doivent avoir pour objet que d'émettre un vœu ou de donner son avis sur une question ; en aucun cas, il ne pourra s'immiscer dans l'action du pouvoir administratif (art. 14, 15, 16 du règlement de 1808).

A chaque assemblée ordinaire (une fois par semaine), le Conseil délègue un de ses membres pour faire dans la semaine l'inspection de toutes les parties du service de l'établissement.

Un directeur est chargé, sous l'inspection du Conseil et sous la surveillance et l'autorité du préfet, du gouvernement et de la direction de toutes les parties

du service économique de l'établissement, et généralement de tous les détails relatifs à la police intérieure.

Le directeur, le receveur, l'architecte, le médecin,
le chirurgien, le pharmacien, le chef des ateliers et le
garde-magasin des matières premières sont nommés
par le ministre pour la première fois, immédiatement
et en cas de vacances, sur la présentation faite par
le préfet. Les autres préposés sont nommés par le
préfet sur la proposition du directeur.

Les fonctions de receveur de l'établissement peuvent être réunis à celles de receveur des hôpitaux,
à la charge de tenir une comptabilité distincte et
séparée.

Dans les quinze jours qui suivent l'établissement
et l'organisation de chaque dépôt de mendicité, le
préfet fait connaître ce fait par un avis. Dès lors, tous
les individus mendiant et n'ayant aucun moyen de
subsistance sont tenus de se rendre au dépôt. Cet
avis est publié dans toutes les communes du département pendant trois dimanches consécutifs. Après
cela, tout individu trouvé mendiant est arrêté, et on
lui applique les peines édictées par le Code pénal.

Tout mendiant étranger ou né en France, mais non
domicilié dans le département, est tenu de demander
un passe-port avec secours de route pour se rendre
à son domicile de secours.

Les individus conduits dans les dépôts de mendicité, y sont écroués en vertu de la décision constatant le fait de mendicité et la condamnation subie.
Aucun mendiant ne sera reçu et enregistré en prin-

cipe que sur la présentation et la remise des ordres de translation délivrés par les préfets, les sous-préfets ou commissaires de police (art. 28 du règlement).

Pour se faire admettre volontairement, les conditions diffèrent de département à département. En général, on exige une durée déterminée de séjour dans une commune du département, la participation à la dépense de la municipalité du domicile de secours, l'exclusion de certaines personnes atteintes de maladies spéciales.

Les brigades de gendarmerie du département doivent veiller à la sûreté extérieure de l'établissement. Il doit y avoir de plus, à poste fixe, un détachement dont le chef reçoit la consigne du directeur, et assure l'exécution des ordres de celui-ci pour prévenir ou arrêter les détériorations, querelles, évasions, insubordinations.

En général, il ne convient guère que l'administration des dépôts de mendicité soit confiée à des sœurs de charité ; car il faut un régime sévère (circulaire ministérielle du 7 novembre 1815). Ce principe a reçu des exceptions dans l'application.

Les dépôts de mendicité doivent être des maisons de travail. En conséquence, il sera formé dans chaque établissement des ateliers de différents travaux convenables au sexe, à l'âge et à la force des mendiants. La police et le gouvernement de ces ateliers sont placés sous l'autorité du directeur.

Tous les assistés sont, à moins d'impossibilité physique, astreints au travail. Leur gain varie suivant les départements : dans l'Yonne, il est de 0,05 à 0,10; dans l'Aisne, de 0,05 à 0,20; dans le Doubs, du tiers du produit du travail ; dans les autres dépôts, de la moitié du produit ; la Haute-Savoie n'accorde aucune rétribution aux travailleurs.

En cas de refus de travailler, le mendiant ne recevra de la maison que l'eau, le pain et le coucher, et il sera placé dans la salle de discipline.

Les travaux de l'établissement ne devront pas nuire aux manufactures du département.

L'arrêté réglementaire du 27 octobre 1808 prescrit trois régimes alimentaires différents :

1° Le régime de la correction au pain et à l'eau pour les mendiants valides refusant de travailler, ou coupables d'inconduite et d'insubordination ;

2° Le régime des mendiants travailleurs, infirmes ou septuagénaires ;

3° Le régime des malades.

Les mises en liberté ne peuvent être autorisées que par le préfet sur la proposition des sous-préfets, ou des commissaires généraux de police, sauf en cas de refus le recours à l'autorité supérieure (art. 10 du règlement), c'est-à-dire le préfet, le conseil de surveillance et même les tribunaux.

Des ateliers de charité pourront être organisés, dit l'art. 143 du règlement de 1808, dans l'intérieur des bâtiments des dépôts, et dans des locaux distincts et séparés de ceux disposés pour les mendiants.

Ils seront destinés à recevoir les pauvres de l'un et l'autre sexe du département qui, manquant d'ouvrage et ne pouvant être employés dans les ateliers de charité de leur arrondissement ou dans les travaux publics, manufacturiers ou agricoles, se présenteraient volontairement au directeur pour en obtenir du travail.

Tels sont les dépôts de mendicité avec leur organisation. Examinons maintenant les vicissitudes qu'ils ont subies.

Quatre ans après le décret du 5 juillet 1808, 59 dépôts étaient créés. Ils étaient prévus pour contenir 22.500 mendiants ; 37 seulement furent ouverts.

L'institution de ces dépôts n'obtint pas le succès que le gouvernement impérial en avait espéré. Les mendiants qui y étaient admis, la plupart invalides, paresseux ou habitués aux travaux des champs, n'étaient pas aptes en général aux travaux de manufacture auxquels on voulait les consacrer. Il résulta de là que le produit de ces travaux fut beaucoup moindre qu'on ne l'avait espéré, tandis que les dépenses dépassèrent ce qu'on avait prévu. De plus, on y accueillit beaucoup trop facilement des individus appartenant à des catégories pour lesquelles les dépôts n'avaient pas été établis, tels que les idiots, les filles publiques, les épileptiques, certains condamnés dont les prisons étaient encombrées, même des familles pauvres.

C'est ainsi que les dépôts de mendicité, détournés du but de leur institution, n'eurent plus qu'une sorte de caractère mixte entre la prison et l'hospice, et que la mendicité, un instant effrayée, reparut de nouveau.

Telle était la situation au moment de la Restauration.

La Restauration se montra indifférente, sinon hostile, à l'institution impériale. Le ministre de l'intérieur, par une circulaire du 17 mars 1817, adressée aux préfets, invita ces derniers à soumettre leurs propositions aux conseils généraux, relativement aux dépôts de mendicité, et à bien motiver celles qui auraient pour objet de faire subir des modifications à ces établissements, ou même d'en faire prononcer la suppression. Il ajouta que, dans le cas où les conseils généraux le jugeraient à propos, on pourrait en faire des maisons de correction, si les prisons étaient insuffisantes, ou bien des séminaires, des maisons d'éducation, des casernes ou des hospices.

La plupart des conseils généraux répondirent par un vœu de destruction et le firent accueillir. Vingt-quatre dépôts de mendicité furent supprimés de 1814 à 1818. En 1818, il en restait encore en activité vingt-deux, dont la population avait été réduite à 3.433 mendiants à cause de la modicité des ressources départementales.

Mais ce qu'il y a d'intéressant à constater, c'est que plusieurs de ces dépôts, administrés avec sagesse et discernement, avaient réalisé les espérances que leur institution avait fait concevoir. La mendicité avait entièrement disparu dans les contrées où ils étaient placés, sans occasionner aucun frais ; le travail des mendiants valides avait donné des produits suffisants pour indemniser des dépenses d'entretien.

En 1830, il n'existait plus que dix dépôts de mendicité. Mais depuis 1830, on comprit de nouveau que la répression de la mendicité n'était fondée qu'autant qu'on offrirait au mendiant manquant d'ouvrage, la possibilité, au moins momentanée, de vivre en travaillant, jusqu'à ce qu'il ait repris régulièrement sa place dans la société, ou qu'à raison de ses infirmités, la bienfaisance publique se soit chargée de son sort. Le gouvernement de 1830 se montra favorable à cette idée dans plusieurs circulaires. Toutefois en 1837, il n'existait plus que 6 dépôts de mendicité et 19 maisons centrales recevant les mendiants valides.

Parmi les circulaires de cette époque, il faut citer celle du 24 février 1840. Le ministre de l'intérieur demande aux préfets des renseignements relatifs : aux causes habituelles de la mendicité dans leurs départements, — aux mesures prises pour l'empêcher et aux résultats obtenus, — à l'existence des établissements publics de bienfaisance ayant pour but de combattre la mendicité.

L'instruction administrative commencée en 1840 fut continuée en 1844. Cependant, sans attendre la solution annoncée par le gouvernement, des localités importantes prirent l'initiative qui leur parut nécessaire, afin d'assurer dans leur sein la cessation ou la répression de la mendicité, particulièrement au moyen de secours fournis par des associations de bienfaisance, et de l'établissement soit de dépôts de mendicité proprement dits, soit de maisons dites de refuge, dont l'existence avait surtout pour effet de légitimer l'action de la loi pénale. Ces établissements durent être autorisés par ordonnance royale ou par décret impérial, comme étant d'utilité publique. Sans cela, l'article 274 du Code pénal n'aurait pas pu s'appliquer. Car il ne considère la mendicité punissable qu'autant qu'il existe « un établissement public « organisé afin d'obvier à la mendicité. »

Depuis ce moment, des dépôts de mendicité ont été formés dans divers départements et autorisés par ordonnances ou décrets. En outre, certains départements qui n'ont pas de dépôt ont passé, avec d'autres départements qui en possèdent, des traités pour l'admission de leurs mendiants dans les dépôts de ces derniers. Ces traités, conformément à la jurisprudence de la cour de cassation du 11 avril 1846 [1], ont dû être autorisés par ordonnance ou décret afin de rendre applicable dans les départements qui ont traité l'article 274 du Code pénal. Nous savons, en effet, qu'il faut un décret particulier pour chaque dépôt de mendicité.

Actuellement [2], les dépôts de mendicité sont au nombre de 33, plus 2 établissements situés à Brest et à Chambéry, et exclusivement consacrés aux incurables de ces deux villes. Il faut y ajouter une institution charitable fondée en 1863 à Percey-le-Pautil (Haute-Marne). pour les vieillards indigents de deux cantons et reconnu d'utilité publique sous le nom d'asile Saint-Augustin. (Décret du 12 janvier 1887.)

(1) Sirey, 1846, I, 431.
(2) Ces renseignements sont tirés des « Institutions pénitentiaires de la France en 1895. »

Sur ces 33 dépôts, 4 contenaient en 1889 moins de 18 personnes (celui de Cahors n'en avait que 2 et celui d'Albi 3), et ne sauraient être considérés comme fonctionnant effectivement. Restent donc en définitive 29.

Vingt-cinq départements ont un traité avec un dépôt situé dans un département voisin et satisfont aux prescriptions du décret de 1808. Mais deux de ces départements ayant un traité avec l'asile de Mirande qui n'existe plus, et 9 autres n'entretenant qu'un très petit nombre de pensionnaires il n'en reste dans cette catégorie que 16 ; soit au total 40 départements sur 87 qui satisfont aux prescriptions de la loi.

M. de Crisenoy donne la liste des 33 dépôts de mendicité, que nous reproduisons dans le tableau ci-contre :

DÉPARTEMENTS	COMMUNES OÙ ILS SONT SITUÉS	DATE DU DÉCRET ou ordonnance
1. Aisne........	Montreuil-sur-Laon......	16 mars 1809.
2. B.-du-Rhône..	Marseille.............	20 avril 1850.
3. Cher........	St-Amand (Dépôt du Petit-Vernet).	7 avril 1855.
4. Corrèze......	Cornil (Dépôt de Rabès)..	22 septem. 1852.
5. Doubs........	Besançon (Dépôt de Bellevaux)..	8 avril 1886.
6. Finistère.....	Brest (Dépôt de Poul-ar-Bachet)..	22 novemb. 1869
7. Gers........	Mirande..............	29 juillet 1872.
8. Gironde......	Bordeaux.............	25 juin 1847.
9. Hérault......	Montpellier............	17 octobre 1857.
10. Indre........	Châteauroux...........	18 juin 1844.
11. Isère........	St-Sauveur (Dépôt du Perron)..	28 avril 1884.
12. Jura........	Lons-le-Saunier........	21 juillet 1855.
13. Loire-Inférieure....	Nantes...............	11 janvier 1845.
14. Loiret........	Beaugency............	11 avril 1840.
15. Lot.........	Cahors..............	30 décemb. 1854.
16. Lot-et-Garonne	Agen (quartier d'hospice).	
17. Marne........	Châlons..............	17 août 1885.
18. Meurthe-et-Moselle..	Faulx...............	1892.
19. Pas-de-Calais.	Array...............	24 mars 1858.
20 Rhône.......	Albigny.............	19 mai 1855.
21. Saône (Haute).	Neurey..............	6 juillet 1862.
22. Saône-et-Loire	Mâcon..............	15 décemb. 1851.
23. Sarthe.......	Le Mans.............	3 mai 1854.
24. Savoie...... .	Chambéry............	
25. Seine........	Villers-Cotterets........	octobre 1808.
	Nanterre.............	13 septem. 1887.
26. Seine-et-Oise..	Plaisir (Dépôt des Petits-Prés)...	25 avril 1860.
27. Deux-Sèvres..	Niort...............	10 juin 1857.
28. Tarn........	Albi...............	18 avril 1860.
29. Tarn-et-Garonne..	Montauban...........	21 décemb. 1859
30. Vienne (Haute)	Naugeat..............	11 août 1866.
31. Yonne........	Auxerre.............	10 février 1853.
32. Alger........	Beni-Messous..........	
33. Constantine...	El-Arrouch...........	

Examinons maintenant l'état actuel de ces dépôts, tel qu'il a été donné en 1893 par M. de Crisenoy.

Les renseignements sur les dépôts sont difficiles à obtenir, le ministère de l'intérieur n'ayant pas de statistique depuis 1868.

A ce moment, le travail cultural n'était organisé que dans quatorze dépôts : Montreuil-sur-Laon, Petit-Vernet, Rabès, Bordeaux, le Perron, Lons-le-Saunier, Nantes, Beaugency, Angers, Châlons, Albigny, Petits-Prés, Naugeat, Neurey.

L'ensemble des domaines exploités avait une valeur de 1,840,657 fr. 38 centimes. Le travail des reclus et des hospitalisés était évalué à 73,210 francs sur lesquels on avait prélevé 24,387 francs pour le pécule des travailleurs.

Le produit net a donc été de 42,822 fr. 87 cent., ce qui fait ressortir à 2,65 pour cent le produit des terres cultivées.

Le travail industriel est organisé dans dix-sept dépôts : Montreuil, Marseille, Petit-Vernet, Bellevaux, Bordeaux, le Perron, Beaugency, Châlons-sur-Marne, Arras, Albigny, le Mans, Villers-Cotterets, Petits-Prés, Naugeat, Auxerre.

Dans les dépôts de Montreuil, Petit-Vernet, Bordeaux, le Perron, Albigny, Nantes, Beaugency, Châlons, Petits-Prés, Naugeat, les détenus sont occupés soit au travail industriel. soit au travail agricole ; — dans les dépôts de Rabès, Neurey et Lons-le-Saunier, exclusivement au travail agricole ; — dans ceux de Marseille, Bellevaux, Auxerre, Arras, le Mans et

Villers-Cotterets, exclusivement aux travaux industriels.

Il y a sept dépôts pour lesquels l'inspection n'indique en 1886 aucune organisation de travail. Ce sont
ceux de Montpellier, Châteauroux, Cahors, Mâcon,
Niort, Albi et Montauban.

En général, les occupations sont des plus élémen-
taires et ne paraissent pas devoir s'élever au-dessus
de l'épluchage de l'étoupe, imposée aux femmes dans
les workhouses d'Angleterre. Ainsi, au Mans, les
hommes délissent des chiffons et font des sacs en
papier ; les femmes sont également occupées aux
chiffons.

La population des dépôts était, au 31 décembre 1886,
de 5,389 pensionnaires se décomposant ainsi :

1,237 reclus (dont 361 récidivistes, soit 29 pour
cent) et 4,152 hospitalisés ;

4,523 provenant des départements à dépôts ;

8,666 seulement des départements associés.

Sur 5,389 pensionnaires, 2,866 seulement ont pris
part au travail intérieur, et sur ce nombre, beaucoup
sans doute ont fort peu travaillé, puisque le produit
brut de ce travail n'est évalué qu'à 178,419 fr. 59 cent.,
soit une moyenne par tête de 62 fr. 25 cent.

Si nous distinguons entre les travaux agricoles et
les travaux industriels, voici les résultats :

TRAVAUX INDUSTRIELS

Personnes occupées : 1,875 dont 926 reclus et 949 hospitalisés.
Produit brut : 105,200 fr. 91.
Moyenne par personne : 56 fr. 11.

TRAVAUX AGRICOLES

Personnes occupées : 991 dont 243 reclus et 748 hospitalisés.
Produit brut : 73, 210 fr. 68.
Moyenne par personne : 73 fr. 87.

EN TOUT : 2,866

Si nous considérons les produits du travail, non plus d'après l'objet du travail, mais d'après la nature des travailleurs, l'insuffisance des résultats est plus notoire encore.

Les reclus ont produit 61,386 fr. 73. Ils sont au nombre de 1,169; c'est donc par tête un résultat brut de 52 fr. 51. Or, un reclus coûte par an 200 fr. 08.

Les hospitalisés au nombre de 1,697 ont produit pour 117,032 fr. 86, soit par tête un résultat de 68 fr. 96. Or, un hospitalisé coûte par an 255 fr. 32.

Voici le budget global des dépôts pour 1886 :

Dépenses :

1º Pour les reclus..............	247.509 fr. 09
2º Pour les hospitalisés.........	1.060.093 fr. 66
TOTAL.......	1.307.602 fr. 75

Recettes :

1º Part des départements.......	861.847 fr. 08
2º Part des communes..........	374.205 fr. 61
TOTAL.......	1.236.052 fr. 69

D'où un déficit de 71,550 fr. 06.

Mais le produit du travail a comblé l'écart.

Ce produit a été évalué à 178,419 fr. 59 dont il faut défalquer une somme de 72,425 fr. 13 attribuée

aux détenus en argent de poche et pécule de sortie.
Il est donc resté pour la caisse des dépôts une re-
cette complémentaire de 105,944 fr. 46 qui fait, en
définitive, ressortir l'exercice 1886 non plus à un déficit de 71,550 fr. 06, mais à un excédent de recettes
de 34,444 fr. 40.

Ce résultat, satisfaisant en apparence, ne l'est pas
en réalité. Réglementairement, les détenus devraient
recevoir la moitié du produit de leur travail. En 1886,
il leur serait revenu 89,209 fr. 79. Ils n'ont touché
que 74,425 fr., soit 41,69 0/0 au lieu de 50 0/0.

Certains départements, après avoir supprimé leur
dépôt de mendicité, se sont ravisés, notamment le
département de la Haute-Garonne. L'Hospice de la
Grave contient un quartier qui recueillait 211 mendiants en 1889. Sous prétexte que 26 seulement
appartenaient au département, le Conseil général le
supprima et se contenta d'allouer un crédit de
3,000 francs à l'asile de nuit.

Le Conseil général est revenu sur ses errements
dans sa séance du 26 août 1898. Il a adopté, en effet,
une proposition de M. Cruppi, tendant à la suppression du vagabondage et de la mendicité par l'organisation de l'assistance par le travail. La proposition
demande, à cet effet, l'inscription au budget départe-
mental d'une somme de 3,500 francs. Le Conseil a
nommé une commission pour étudier ce vœu.

Bien d'autres départements ont suivi l'exemple de
la Haute-Garonne.

CHAPITRE III

Code pénal de 1810 et lois postérieures.

Comme on vient de le voir, on s'était contenté de défendre la mendicité par voie administrative. Tout individu trouvé mendiant, fut-il infirme, était envoyé au dépôt. Seuls les mendiants vagabonds étaient écroués dans les maisons de correction, en attendant leur jugement.

Bientôt, on reconnut qu'il convenait de donner à cette mesure une sanction pénale. Le gouvernement présenta au Corps législatif un projet de loi qui fut voté sans opposition en 1810, et qui comprend dans le Code pénal les articles 274 à 282.

Nous diviserons cette matière en cinq sections :

SECTION I. — *Mendicité simple.*

SECTION II. — *Mendicité qualifiée.*

SECTION III. — *Crimes et délits aggravés par la mendicité.*

SECTION IV. — *Emploi des enfants à la mendicité habituelle.*

SECTION V. — *Mendiants récidivistes.*

SECTION I. — MENDICITÉ SIMPLE

La législation sur la mendicité repose sur une double base :

1° Création sous le nom de dépôts de mendicité de refuges pour ceux qui ne peuvent pas trouver eux-mêmes de moyens d'existence.

2° Interdiction de la mendicité sur tout le territoire de la France.

Le Code pénal de 1810 a sanctionné et appliqué ces idées en partant d'une distinction essentielle.

Dans les lieux où il existe un dépôt de mendicité, la mendicité est absolument prohibée ; ailleurs, elle n'est un délit que pour les faux-mendiants, individus valides qui, sans nécessité, pouvant travailler, vont tendre la main. Ils simulent des infirmités : ce sont de véritables exploiteurs de la charité publique. Aussi la loi les atteint.

Les mendiants qui, par suite d'infirmités, de l'âge, sont dans l'impossibilité de subvenir eux-mêmes à leurs besoins sont obligés de recourir à la mendicité, et cette mendicité n'est pas un délit.

§ I. — *Eléments matériels du délit de mendicité dans les lieux où existe un dépôt de mendicité.* — Ils se trouvent résumés dans l'article 274 du Code pénal : « Toute personne, dit cet article, qui aura été « trouvé mendiant dans un lieu pour lequel il existera « un établissement public organisé afin d'obvier à la « mendicité, sera punie de trois à six mois d'empri-

« sonnement, et sera, après l'expiration de sa peine,
« conduite au dépôt de mendicité. »

Les éléments matériels du délit sont donc au nombre de trois.

1° *Il faut un fait de mendicité.* — Mais quels sont les actes qui constituent la mendicité ? Il est assez difficile de répondre à cette question, la loi n'ayant pas défini ces actes. Les juges ont à cet égard un grand pouvoir d'appréciation. Il a été jugé dans le sens de la non-existence du délit de mendicité : — *a*) que celui qui, porteur d'un livret visé par l'autorité administrative dans lequel il est désigné comme exerçant la profession de joueur d'orgue de Barbarie, a sollicité la charité publique à l'aide de cet instrument, ne peut être à raison de ce fait poursuivi comme coupable du délit de mendicité, alors d'ailleurs que cette profession est reconnue et réglementée dans le département par l'administration préfectorale (Riom, 15 avril 1863 [1]) ; — *b*) que les dispositions de l'article 274 du Code pénal ne sont pas applicables à l'individu qui, trouvant habituellement dans l'exercice d'une profession régulière des ressources suffisantes à son existence, ne recourt à la générosité publique qu'accidentellement et dans le cas d'une nécessité pressante, au moyen de quêtes faites à domicile, sans publicité. (Dijon, 9 juin 1875 [2].)

(1) Dalloz, 1863, II, 90.
(2) Dalloz, 1878, V, 346.

D'après cela, on pourrait accepter la définition qu'a essayé de donner la Cour de cassation dans un arrêt du 17 septembre 1874 [1]. Pour elle, la mendicité est un délit qui consiste à s'adresser à la charité ou à la bienfaisance, dans le but d'en obtenir des secours gratuits et pour lesquels on n'offre en échange aucune valeur appréciable. Le délit existe aussi bien lorsque la demande est faite directement que lorsqu'elle se dissimule sous l'apparence d'un acte de commerce qui n'a rien de sérieux, ni de réel (vente de papier à lettres, d'épingles, etc).

2° Il faut qu'il existe un dépôt de mendicité. — Cette condition résulte des paroles prononcées au Conseil d'Etat dans la séance du 5 décembre 1808. « Jusqu'à ce que les dépôts de mendicité soient for- « més, dit un orateur, on ne peut défendre à ceux qui « sont sans ressources de demander l'aumône, encore « moins les punir pour l'avoir fait. »

Mais il n'est pas nécessaire que cet établissement soit placé au lieu même où le délit a été commis ; il suffit que le dépôt existe pour ce lieu, c'est-à-dire que le mendiant ait eu la faculté de s'y faire admettre, car l'infraction réside dans l'acte de mendicité après qu'un asile a été ouvert à l'agent. Ainsi, le département de la Seine-Inférieure a passé un traité avec le département de l'Aisne qui a le dépôt de Montreuil-sous-Laon, pour que les mendiants de la Seine-Inférieure soient admis dans ce dépôt. Dans cette hypo-

(1) *Bulletin criminel*, n° 261.

thèse, un mendiant arrêté à Rouen par exemple, sera punissable bien que dans ce lieu il n'existe pas de dépôt de mendicité : il pouvait, en effet, se faire admettre au dépôt de Montreuil-sous-Laon. Ceci entraîne de graves inconvénients que nous signalons dans la deuxième partie, chapitre Ier.

Si le dépôt n'est ouvert qu'à certaines classes d'indigents, il n'existe légalement que pour eux. (Cassation, 20 février 1845 ²).

3° *Il faut que le prévenu ait été trouvé mendiant.* — Il semble résulter des termes de la loi que le flagrant délit est seul punissable. Quelques auteurs l'ont soutenu, notamment MM. Garraud, Ortolan, Chauveau et F. Hélie. Pour eux, il est indispensable pour qu'il y ait lieu à répression que l'indigent ait été surpris au moment de l'acte. Sans quoi, il peut être prouvé qu'il a mendié ; mais il n'a pas été trouvé mendiant, ce qui suffit pour le soustraire à l'application de la peine.

Nous ne partageons pas cette opinion. Elle nous paraît attacher trop d'importance à la lettre de l'article 274. De ce que cet article parle de celui qui « a été trouvé mendiant », on ne doit pas en conclure qu'il punit seulement la personne surprise en flagrant délit. Lorsque la loi restreint les poursuites criminelles à des faits de cette nature, elle le dit d'une façon précise. C'est ainsi que dans l'article 338, alinéa 2, du Code pénal, elle dispose que « les seules preu-

(1) Sirey, 1845, I, 736.

« ves admises contre le prévenu de complicité d'adul-
« tère ne seront, *outré le flagrant délit*, que celles
« qui résultent de lettres ou autre pièces écrites par
« le prévenu ». Dans l'article 274, la loi ne dit rien
de semblable ; elle n'inculpe, il est vrai, que l'indigent
trouvé mendiant, mais elle n'ajoute pas que la seule
preuve de la mendicité sera le flagrant délit. Ce fait
reste donc sous l'empire du droit commun, c'est-à-
dire que la loi permet de le prouver par tous les
moyens, aussi bien par témoins, par exemple, que
par la preuve directe du flagrant délit.

L'expression est incorrecte ; mais il n'est pas difficile de découvrir la pensée du législateur.

Ce qu'il a voulu réprimer dans l'article 274, c'est ce
qu'il a réprimé dans les articles 275 et 276, c'est-à-
dire le fait même de la mendicité, quel que soit le
genre de preuve qui l'établisse. D'ailleurs nous savons
que le législateur n'a pas toujours exprimé sa pensée
d'une façon très claire.

Enfin, l'opinion que nous soutenons est conforme
à la fin que le Code se propose. Son but est, comme
celui du décret du 5 juillet 1808, dont il est la sanction pénale, d'extirper la mendicité. Il ne l'atteindrait
guère s'il tolérait, en ne les punissant pas, les mendiants assez habiles pour se soustraire à la preuve du
flagrant délit.

Donc, l'article 274 doit être appliqué toutes les fois
qu'il est établi d'une façon quelconque qu'une personne a mendié dans un lieu pour lequel existe un
établissement public destiné à obvier à la mendicité.

Nous n'insistons pas davantage sur cette question qui a un intérêt plutôt historique que pratique. En effet, la Cour de cassation s'est prononcée dans notre sens, dans un arrêt de la Chambre criminelle du 30 juillet 1875 [1].

La même solution a été donnée par un arrêt de la Cour d'Alger du 4 février 1882 [2].

En outre, M. Blanche, premier avocat à la Cour de cassation, constate [3] que, dans sa longue pratique de la juridiction correctionnelle, il n'a pas rencontré un tribunal qui se soit refusé à prononcer la peine de l'article 274, sous prétexte que le mendiant n'avait pas été surpris en flagrant délit.

§ II. — *Eléments du délit de mendicité dans les lieux où il n'existe pas de dépôt de mendicité.* — Aux termes de l'article 275 : « Dans les lieux où il n'existe « pas de dépôt de mendicité, les mendiants d'habi- « tude valides seront punis de un mois à trois mois « de prison.

« S'ils ont été arrêtés hors du canton de leur rési- « dence, ils seront punis d'un emprisonnement de « six mois à deux ans. »

La mendicité est ici punissable à deux conditions :

1° *Le mendiant doit être valide.* — Il appartient aux tribunaux de reconnaître si l'indigent est ou n'est pas valide. Ils s'inspireront pour cela de l'esprit

(1) Sirey, 1877, I, 233.
(2) Sirey, 1882, II, 184.
(3) *Etudes pratiques sur le Code pénal* (2e édition), tome IV.

de la loi, qui a voulu punir l'individu qui peut travailler mais qui ne veut pas le faire et qui préfère
tendre la main.

Les jeunes enfants qui accompagnent leurs parents,
le conducteur qui guide l'aveugle, bien que valides,
sont, par une sorte de fiction dictée par l'humanité,
rangés dans la classe des mendiants invalides : l'article 275 ne leur est pas applicable.

2° *La mendicité doit avoir été habituelle.* — Un
seul fait de mendicité ne suffit pas pour constituer le
délit. La loi a voulu réprimer l'habitude, le métier de
mendier. Il ne faut donc pas confondre les actes de
mendicité avec d'autres faits qui ont avec ces actes
une certaine analogie : telles sont toutes les quêtes
qui sont faites au profit des pauvres. Il en est de
même de toutes les souscriptions. Tant que la quête
ou la souscription n'a pour objet que d'allouer une
indemnité passagère à celui qui en est l'objet, elle
échappe à la loi pénale. Mais elle pourrait rentrer
dans ses termes, si elle devenait habituelle, si elle
devenait un moyen ordinaire de subsistance.

Il a été jugé, d'après cette distinction, qu'une quête
faite au nom du desservant d'une paroisse chez tous
les habitants d'une commune pour demander à chacun d'eux, à titre volontaire, une certaine quantité de
blé ne constituait pas le délit de mendicité (Cassation,
10 novembre 1808) [1]. Jugé dans le même sens que le

(1) V. Dalloz. *Répertoire de jurisprudence,* V° Vagabondage,
Mendicité, numéro 107.

religieux (dans l'espèce un frère des mineurs capu-
cins) vivant dans un couvent, s'adonnant à la prière,
à la prédication, à l'assistance des pauvres et des
malades, et n'inspirant aucune crainte, comme aucun
danger aux populations, ne saurait être assimilé à
un mendiant, dans le sens légal du mot, lorsqu'il
quête d'une manière accidentelle, pour obéir aux statuts fondamentaux de son ordre (Chambéry, 12 février
1885) [1]. Pour qu'il y ait mendicité, il faut, en effet,
faire appel à la charité publique dans son intérêt personnel. Or, dans cette dernière hypothèse, cet intérêt fait défaut.

Mais la loi ne fixe pas le nombre de faits de mendicité pour qu'il y ait habitude.

Deux actes de mendicité suffiront donc, pourvu
qu'ils soient distincts, c'est-à-dire séparés par un
intervalle de temps ou de lieu.

Diverses·sollicitations dont une même personne
serait l'objet pourraient constituer l'habitude de
mendier.

Ces deux conditions sont essentielles à la constitution du délit de mendicité. Il faut qu'elles soient
relevées par les tribunaux. Il ne suffit pas pour justi-
fier la condamnation de constater, soit que le prévenu
a été trouvé mendiant aux portes sans déclarer qu'il
ait mendié habituellement, étant valide (Cassation
6 août 1885) [2], soit que le prévenu a mendié habi-

(1) Dalloz, 1886, II, 22.
(2) Dalloz, 1887, I, 192.

tuellement, sans déclarer qu'il fut valide au moment
où il a été trouvé mendiant (Cassation, 17 décembre
1885) [1].

§ III. *Pénalités*. — D'après l'article 275, les mendiants valides sont punis ordinairement d'un mois à
trois mois d'emprisonnement. Cette peine s'aggrave
si le mendiant est arrêté hors du canton de sa résidence. Dans ce cas, le mendiant est puni d'un emprisonnement de six mois à deux ans. Car alors le mendiant a des tendances à devenir vagabond. Cet individu est par cela même plus dangereux.

Dans le cas de l'article 274, les mendiants sont
punis de trois à six mois d'emprisonnement. Seulement le condamné sera, après l'expiration de sa
peine, conduit au dépôt de mendicité.

Cette mesure, se rattachant à l'exécution de la
peine, est dans les attributions de l'autorité administrative. Les tribunaux ne peuvent ni en régler, ni en
modifier l'application. (Cassation, 1er juin 1833) [2].

Le but de cette disposition a été d'ouvrir un asile
aux indigents qui n'ont aucun moyen de subsistance,
et d'habituer au travail ces oisifs et ces paresseux.
C'est ainsi qu'elle fut caractérisée dans la discussion
du Code pénal. M. de Cessac demanda pourquoi on
ne transférait pas d'abord le mendiant dans le dépôt.
M. Regnault répondit : « que les dépôts de mendicité
« sont des maisons de secours et des asiles où les

(1) *Bulletin criminel*, numéro 257.

(2) Sirey, 1833, I, 578.

« mendiants peuvent et doivent se retirer eux-
« mêmes, et où ils ne sont pas en détention : que si
« au lieu d'user de cette ressource, ils continuent de
« mendier, il est juste de les punir ; en conséquence,
« on leur inflige la peine de la prison avant de les
« envoyer au dépôt. »

Le dépôt est donc, comme nous l'avons déjà vu,
un refuge et une maison de travail. La société ne
retient temporairement ces condamnés qui ont subi
leur peine que pour leur donner des secours ou un
métier. Il suit de là que, lorsque la cause de cette
mesure a cessé, lorsque le condamné trouve, soit
dans son travail, soit dans sa famille, des ressources
suffisantes pour subvenir à ses besoins, l'administration ne peut le retenir. Si elle le retenait, cette
détention serait une véritable peine, et par conséquent
une mesure illégale.

Mais les droits de l'administration sont mal définis,
la loi ne les précisant pas. On trouve dans un décret
du 22 décembre 1808, relatif au dépôt de Villers-Cotterets, une disposition portant que les mendiants
seront retenus dans cette maison, jusqu'à ce qu'ils
se soient rendus habiles à gagner leur vie par le travail, et au moins pendant une année.

Mais ce décret est spécial. Il ne peut être considéré
comme traçant une règle absolue. La durée de la
détention dépend donc de l'arbitraire de l'administration. Celle-ci devra voir le moment où elle pourra
remettre dans la société ce mendiant devenu meil-
leur. Ce moment sera celui où cet oisif, ce paresseux

d'autrefois aura pris des habitudes de travail suffisantes pour soutenir sa vie.

*Circonstances prévues par l'article 276 ; leur
influence sur le délit de mendicité.* — L'article 276
énumère certains faits qui, à l'égard des mendiants
invalides, sont constitutifs du délit de mendicité dans
les lieux où il n'existe pas de dépôt et, à l'égard des
mendiants valides, en forment seulement des circonstances aggravantes.

Article 276 : « Tous mendiants, même invalides, qui
« auront usé de menaces ou seront entrés sans per-
« mission du propriétaire ou des personnes de sa
« maison, soit dans une habitation, soit dans un
« enclos en dépendant, ou qui feindront des plaies
« ou infirmités, ou qui mendieront en réunion, à
« moins que ce ne soit le mari et la femme, le père
« ou la mère et leurs jeunes enfants, l'aveugle et son
« conducteur, seront punis d'un emprisonnement de
« six mois à deux ans. »
Il est indifférent pour l'application de l'article 276
que les mendiants soient valides ou invalides ; il est
également indifférent que le délit soit commis dans
les lieux où les dépôts sont ou non établis.
Cette double distinction qui domine les articles 274
et 275 s'efface ici ; la disposition est générale.
La gravité de l'acte est dans le concours des circonstances prévues par l'article 276. Ces circonstances sont : les menaces, l'introduction dans une
habitation ou dans un enclos en dépendant, la simu-

5

lation des plaies ou infirmités et le fait de mendier en réunion, sauf certaines exceptions.

Les menaces ne sont pas définies par la loi : il faut prendre ce mot dans son sens ordinaire.

La menace a pour but de contraindre la volonté par l'annonce d'un mal quelconque. Des propos grossiers, des invectives ne peuvent pas rentrer dans cette définition. Cette différence se justifie. La menace est presque une voie de fait, et le législateur devait la punir.

L'introduction dans une habitation ou dans un enclos en dépendant est la deuxième circonstance essentielle ou aggravante visée par l'article 276. Il faut pour excuser un mendiant d'entrer dans une habitation la permission du propriétaire ou des personnes de la maison. La simple tolérance ne suffit pas.

Le mendiant qui simule des plaies ou infirmités commet une sorte d'escroquerie. C'est pourquoi la loi le punit. Mais elle n'a prévu que les « mensonges physiques ». Elle ne punit pas le mensonge verbal.

La mendicité en réunion existe dès que deux personnes ont mendié ensemble, sauf les exceptions indiquées. Notre ancienne législation prohibait toute réunion excédant quatre personnes. Aujourd'hui il suffit que deux personnes aient mendié en réunion. En effet, la loi, ne comptant pas le mari et la femme, montre bien que deux personnes suffisent pour constituer la réunion de mendiants, prévue par l'article 276 du Code pénal.

SECTION II. — DE LA MENDICITÉ QUALIFIÉE

La mendicité est punie de peines plus sévères quand elle se produit dans des circonstances suspectes prévues par les articles 277 et 278. Les dispositions de ces articles s'appliquent à tous les mendiants, sans distinguer entre le valide et l'invalide, entre le mendiant d'habitude et le mendiant d'occasion.

« Tout mendiant (ou vagabond), dit l'article 277, « qui aura été saisi travesti d'une manière quelcon- « que, — ou porteur d'armes, bien qu'il n'en ait usé, « ni menacé, — ou muni·de limes, crochets ou autres « instruments propres soit à commettre des vols ou « d'autres délits, soit à lui procurer les moyens de « pénétrer dans les maisons, sera puni de deux à « cinq ans d'emprisonnement. » L'article 278 ajoute : « Tout mendiant (ou vagabond) qui sera trouvé por- « teur d'une valeur supérieure à cent francs, et qui « ne justifiera point d'où ils lui proviennent, sera « puni de la peine portée en l'article 276. »

Ceux qui prétendent, sous l'article 274, que la loi ne punit que le flagrant délit reproduisent ici la même théorie. Suivant eux, l'article 277 ne concerne que le mendiant qui a été arrêté porteur d'armes, muni de limes, etc. Nous ne pouvons accepter cette théorie pour les raisons précédemment exposées; et nous appliquons l'article 277 contre l'individu à la charge duquel il serait établi d'une façon quelconque, qu'étant en état de mendicité, il a été saisi travesti, porteur d'armes, muni de limes, etc.

Les armes dont il est ici question sont celles que l'article 101 du Code pénal définit ainsi :

« Sont compris dans le mot *armes*, toutes machi-
« nes, tous instruments ou ustensiles tranchants,
« perçants ou contondants.

« Les couteaux et ciseaux de poche, les cannes
« simples ne seront réputées armes qu'autant qu'il en
« aura été fait usage pour tuer, blesser ou frapper. »

Les circonstances que prévoit l'article 277 sont des actes préparatoires dont le caractère équivoque est précisé par leur concours avec l'état de mendicité. Il y a dans ce double fait de mendier et d'être travesti, par exemple, une présomption d'intention criminelle. Cela n'empêche pas l'inculpé de se défendre en prou-vant qu'à raison des circonstances de fait, la posses-sion en ses mains de tels ou tels objets est légitime.

La même remarque s'applique à l'article 278. La présomption est, jusqu'à preuve contraire, que la va-leur dont le mendiant est porteur provient d'un vol, et c'est sur cette pensée qu'est fondée la peine. Mais il faut que le mendiant soit trouvé porteur des valeurs. Si cette circonstance n'existe pas, il pourra être pour-suivi pour vol en raison du dépôt qu'il en aurait fait, mais l'article 278 ne lui serait pas applicable.

SECTION III. — CRIMES ET DÉLITS AGGRAVÉS PAR LA
MENDICITÉ

Les faits dont nous allons parler constituent des délits pour toute personne, mais ils sont aggravés par l'état de mendicité de leur auteur.

Le premier de ces faits est prévu par l'article 279.
« Tout mendiant (ou vagabond) qui aura exercé quel-
« que acte de violence que ce soit envers les person-
« nes, sera puni de la réclusion, sans préjudice de
« peines plus fortes, s'il y a lieu, à raison du genre
« et des circonstances de la violence. » Donc tout
mendiant qui se trouve dans le cas de l'article 279
est puni de la réclusion. Telle était la solution du
Code pénal de 1810.

Cet article a été modifié par la loi du 13 mai 1863.
Article 279 nouveau : « Tout mendiant (ou vagabond)
« qui aura exercé ou tenté d'exercer quelque acte de
« violence que ce soit envers les personnes, sera puni
« d'un emprisonnement de deux à cinq ans, sans
« préjudice de peines plus fortes, s'il y a lieu, à raison
« du genre et des circonstances de la violence. Si le
« mendiant (ou vagabond) qui a exercé ou tenté
« d'exercer des violences se trouvait, en outre, dans
« l'une des circonstances exprimées par l'article 277,
« il sera puni de la réclusion. »

Le nouvel article distingue entre les diverses espèces de mendiants. Si la violence a été exercée par un
mendiant de l'ordre le moins dangereux, le fait est
correctionnel. Si elle a été exercée par un mendiant de
la catégorie de ceux de l'article 277, le fait devient un
crime puni de la réclusion.

C'est l'état de l'inculpé qui caractérise l'infraction.

Le texte n'exige pas la simultanéité de l'acte de mendicité avec l'acte de violence. On s'est demandé si l'article 279 s'appliquait même au mendiant d'occasion.

La loi n'a pas subordonné l'incrimination à la condition de l'habitude. La Cour de cassation (13 octobre 1820) [1] l'a jugé dans une espèce concernant l'article 280, mais son arrêt peut servir à l'interprétation de l'article 279 : car ces deux dispositions sont régies par les mêmes principes. Elle a trouvé dans l'article 279 une règle tellement impérative qu'elle n'a pas hésité à l'appliquer même au mendiant qui avait exercé des violences sur l'agent de l'autorité au moment où celui-ci procédait à son arrestation.

Josse Gresools avait été déclaré coupable d'avoir, étant en état de mendicité, exercé des violences envers le commissaire de police qui voulait l'arrêter. La Cour d'assises avait refusé de voir dans ce fait l'infraction réprimée par l'article 279, par la raison que Gresools ne mendiait pas au moment où il avait exercé les violences. Sur le pourvoi du ministère public, son arrêt fut annulé. « Considérant, dit la Cour de cassa-
« tion, que Josse Gresools a été déclaré coupable par
« le jury d'avoir, le 4 avril 1812, dans l'état de men-
« diant évadé, exercé des violences envers le com-
« missaire de police de Beveren ; que ce fait est litté-
« ralement prévu par ledit article 279 du Code pénal,
« et doit, conséquemment, être puni de la peine de la
« réclusion que prononce le même article ; que néan-
« moins, la Cour d'assises du département de l'Escaut
« n'a prononcé contre Gresools que des peines correc-
« tionnelles ; qu'ainsi son arrêt doit être annulé, aux

(1) *Bulletin criminel*, n° 133.

« termes de l'article 440 du Code d'instruction crimi-
« nelle. » (12 septembre 1812) [1].

L'état de mendicité dans les conditions exprimées
en l'article 277 étant une circonstance aggravante du
fait principal, qui, d'après la première partie de l'article, n'est puni que correctionnellement, il en résulte
qu'il doit, à peine de nullité de la condamnation qui
en tiendrait compte, être soumis à l'appréciation du
jury. Voici, dès lors, comment les questions pourraient être posées :

N... est-il coupable d'avoir (la date) volontairement
exercé un acte de violence envers X... ?

N... était-il au moment des violences en état de
mendicité ?

Etait-il, au moment des violences, travesti ou porteur d'armes ou muni de limes, crochets ou autres
instruments propres soit à commettre des vols, soit à
lui procurer les moyens de pénétrer dans les maisons ?

L'article 280, qui prononçait la peine de la marque
contre tout mendiant qui aurait commis un crime
emportant la peine des travaux forcés à temps, a été
abrogé par la loi du 28 avril 1832, qui a aboli la
marque.

L'article 281 contient encore un délit dont le caractère s'aggrave par le concours chez celui qui s'en rend
coupable de l'état de mendicité. « Les peines établies
« par le présent code, dit cet article, contre les indi-

(1) *Bulletin criminel*, n° 211.

« vidus porteurs de faux certificats, faux passeports
« ou fausses feuilles de route, seront toujours, dans
« leur espèce, portées au maximum quand elles seront
« appliquées à des mendiants (ou vagabonds). » Cet
article, quoique impératif, n'exclut pas l'application de
l'article 463 [1] qui est général. Dans tous les cas où la
peine de l'emprisonnement et de l'amende sont pro-
noncés par le Code pénal, si les circonstances paraissent atténuantes, les tribunaux correctionnels sont
autorisés, même en cas de récidive, à réduire ces
deux peines.

Appendice. — Article 282. — Le Code pénal de
1810 mettait les mendiants (et les vagabonds) à la disposition du gouvernement. Cette mesure fut suppri-
mée en 1832 et l'article 282 nouveau renvoie les mendiants, après l'expiration de leur peine, sous la
surveillance de la haute police pour cinq ans au moins
et dix ans au plus.

La rédaction de cet article a soulevé des difficultés.
Article 282 : « Les mendiants qui auront été condam-
« nés aux peines portées par les articles précédents
« seront renvoyés, après l'expiration de leur peine,
« sous la surveillance de la haute police...... » Tous
les faits de vagabondage, sauf l'application de l'article 463, entraînent le renvoi sous la surveillance de la
haute police.

En est-il de même de la mendicité ? Une grande
controverse s'est élevée à ce sujet. La peine s'appli-

---

(1) Cet article s'occupe des circonstances atténuantes.

que-t-elle à tous les mendiants sans distinction ou seulement aux mendiants condamnés avec l'une des circonstances aggravantes prévues par les articles 277 et suivants ?

Dès le 20 avril 1813, le grand juge, ministre de la justice, dans une instruction, reconnaissait que les mendiants condamnés par l'une des circonstances aggravantes des articles 277 et suivants étaient seuls mis à la disposition du gouvernement par l'article 282. La jurisprudence s'est prononcée dans ce sens jusqu'à l'arrêt de la Cour de cassation du 8 octobre 1836 [1]. C'est de cet arrêt que date la controverse. Les motifs de la nouvelle interprétation sont les suivants : Le paragraphe 3, de la section 5, chapitre 3, titre 1er, livre III, du Code pénal, s'occupe exclusivement de la répression de la mendicité et de la répression des délits commis par les mendiants ; le paragraphe 3 comprend les articles 274 et suivants, y compris l'article 282 ; la rubrique « dispositions communes aux vagabonds et aux mendiants » n'est point l'intitulé d'un paragraphe distinct qui sépare l'article 275 de l'article 277 ; l'article 278, qui se trouve après cette rubrique, renvoie pour la peine à infliger à l'article 276, ce qui indique la relation qui existe entre ces deux articles et que les mêmes règles leur sont communes ; — l'article 282 qui soumet à la surveillance de la haute police les mendiants qui auront subi les peines portées par les arti-

(1) *Bulletin criminel*, n° 339.

cles précédents se réfère à tous les articles qui composent le paragraphe 3, et ainsi tous les mendiants condamnés à une peine quelconque, en vertu des articles composant ce paragraphe, doivent être soumis à la surveillance.

Nous admettons cette opinion. Elle continue l'assimilation de la mendicité et du vagabondage, qui est dans les traditions de la législation française. Si le législateur avait voulu rompre avec cette tradition, il l'aurait dit d'une façon précise.

Certains auteurs acceptent l'opinion ancienne, notamment MM. Chauveau et F. Hélie (sixième édition). Le législateur, disent-ils, a divisé en trois catégories distinctes les dispositions qui sont destinées à réprimer le vagabondage et la mendicité : les deux premières sont spéciales, l'une au vagabondage, l'autre à la mendicité ; la troisième est commune à ces deux délits. L'article 282 forme la disposition de cette troisième catégorie ; et dès lors, puisqu'elle se borne à soumettre à la surveillance de la haute police les mendiants qui auront été condamnés aux peines portées par les articles précédents, la première idée que doivent suggérer ces expressions est d'entendre par ces mots : « articles précédents » non tous les articles antérieurs du Code qui se rapportent à la mendicité, mais ceux-là seuls qui sont compris dans la catégorie même que termine l'article 282. Donc, ce ne sont pas tous les mendiants qui sont soumis à la surveillance, mais seulement ceux dont la condamnation a été prononcée en vertu des articles précédents, c'est-à-dire, dont la mendicité a été accompagnée des circonstances aggravantes prévues par les articles 277 et suivants.

Nous avons déjà répondu aux partisans de cette opinion. D'ailleurs, nous avons pour nous la Cour de cassation. Un arrêt des Chambres réunies du 22 janvier 1838 [1], après avoir reproduit les motifs de l'arrêt de 1836, dit que « cette interprétation est conforme à « l'intention du législateur, manifestée dans l'exposé « des motifs du Code pénal présenté en 1810 au « Corps législatif ; qu'en effet, les dispositions du « Code pénal sont intervenues postérieurement au « décret du 5 juillet 1808, sur l'abolition de la men- « dicité et qu'elles ont eu pour objet d'atteindre le « même but ; qu'alors l'assimilation des vagabonds « aux mendiants a été admise en principe, et que la « mesure de la mise à la disposition du gouvernement, « changée par la loi du 28 avril 1832 en celle du ren- « voi sous la surveillance de la haute police, était « commune aux uns et aux autres ; que, d'ailleurs, « celui qui mendie en usant de menaces ou en entrant « sans permission dans une habitation, cas prévus « par l'article 276, est visiblement, quant à la néces- « sité de la surveillance, dans la même position que « celui qui aurait commis le même délit avec la cir- « constance de l'article 278, d'avoir été porteur d'un « ou de plusieurs effets d'une valeur supérieure à « 100 francs et qui ne justifierait pas d'où ils provien-

---

(1) Sirey, 1838, 1, 251.

« nent ; que la loi inflige la même peine à chacun
« d'eux¹ ». Voilà qui réfute encore, et mieux que
nous ne saurions le faire, la théorie de nos adver-
saires.

Les tribunaux peuvent appliquer ici l'article 463.
Ils peuvent s'abstenir de prononcer la peine de la
surveillance contre les mendiants, en leur accordant
le bénéfice des circonstances atténuantes. C'est ce qui
est définitivement reconnu par les Chambres réunies
de la Cour de cassation (26 juin 1838², 24 novembre 1838³).

« Attendu, dit l'arrêt du 26 juin, que dans tous les
« cas où la peine de l'emprisonnement et celles de
« l'amende sont prononcées par le Code pénal, l'arti-
« cle 463 autorise les tribunaux correctionnels à
« réduire l'emprisonnement même au-dessous de dix
« jours, et l'amende même au-dessous de 16 francs,
« à ne prononcer que l'une ou l'autre de ces deux
« peines, même à substituer l'amende à l'emprison-
« nement ; qu'il leur est interdit seulement d'abaisser
« la condamnation au-dessous des peines de simple
« police ; que, dès lors, ils peuvent se borner à appli-
« quer une simple peine de police.

« Attendu que l'article 11 du Code pénal place la
« surveillance de la haute police au rang des peines
« communes aux matières criminelles et correction-

(1) Cet arrêt a été suivi d'un grand nombre dans le même sens.
(2) Sirey, 1838, I, 574 et 575.
(3) Sirey, 1838, I, 995.

« nelles, et que cette surveillance ne fait pas partie
« des peines de police, lesquelles sont déterminées
« par l'article 464 du même Code ; — Qu'ainsi les
« tribunaux qui peuvent, lorsqu'il y a lieu à l'atté-
« nuation des peines permise par l'article 463, n'appli-
« quer qu'une peine de simple police, sont par là
« même autorisés à supprimer la surveillance qui est
« incompatible avec les peines de police ».

Cette solution nous paraît logique. Mais la question
a perdu son importance depuis la loi du 23 janvier 1874. Depuis lors, en effet, la surveillance de la
haute police est facultative pour le juge, dans tous
les cas, et les magistrats ont le droit, soit de réduire
la durée fixée par la loi, soit même d'en dispenser
entièrement le condamné.

La surveillance de la haute police a été abolie par la
loi du 27 mai 1885, sur la relégation des récidivistes
et remplacée par la défense faite au condamné de
paraître dans les lieux dont l'interdiction lui aura été
signifiée par le gouvernement (article 19).

La loi du 23 janvier 1874 s'applique aussi à l'interdiction de séjour.

SECTION IV. — EMPLOI DES ENFANTS A LA MENDICITÉ HABITUELLE (Loi du 7 décembre 1874)

La loi du 7 décembre 1874 relative à la protection
des enfants employés dans les professions ambulantes est venue compléter les mesures contre la mendicité. Le législateur s'est spécialement proposé de
garantir les enfants contre l'exploitation dont ils sont

l'objet de la part des mendiants, qui s'en font un instrument pour exciter la charité publique.

L'article 2 punit d'un emprisonnement de six mois à deux ans et d'une amende de seize à deux cents francs, les pères, mères, tuteurs ou patrons qui auront placé, soit gratuitement, soit à prix d'argent, leurs enfants, pupilles ou apprentis, âgés de moins de seize ans, sous la conduite de vagabonds, de gens sans aveu, ou faisant métier de mendicité.

« La même peine sera applicable à quiconque aura « déterminé des enfants âgés de moins de seize ans « à quitter le domicile de leurs parents ou tuteurs « pour suivre des individus des professions sus-dési- « gnées » et notamment des individus faisant métier de mendicité. « La condamnation entraînera de plein « droit pour les tuteurs la destitution de la tutelle; les « pères et mères pourront être privés des droits de la « puissance paternelle (art. 2)[1]. »

L'article 3 continue : « Quiconque emploiera des « enfants âgés de moins de seize ans à la mendicité « habituelle, soit ouvertement, soit sous l'apparence « d'une profession, sera considéré comme complice « du délit de mendicité en réunion prévu par l'arti- « cle 276 du Code pénal, et puni des peines portées « audit article. Dans le cas où le délit aurait été com- « mis par les pères, mères ou tuteurs, ils pourront « être privés des droits de la puissance paternelle ou « être destitués de la tutelle. »

(1) S'il y a rapt d'enfant, on appliquera l'article 354 du Code pénal.

Le prévenu est auteur (ou mieux co-auteur) du délit, quand lui-même commet le fait de mendicité de concert avec des enfants âgés de moins de seize ans ; il est complice du délit, s'il emploie ces mêmes enfants à mendier, sans se livrer lui-même à la mendicité.

Dans le premier cas, il est en réalité atteint par l'article 276 du Code pénal, et seulement dans le second par la loi du 7 décembre 1874.

Il en résulte que le délit existera dans la première hypothèse, même si l'acte de mendicité est unique, l'article 276 du Code pénal n'exigeant pas l'habitude ; dans la deuxième, on devra établir que l'emploi des enfants à la mendicité est habituel, à raison des termes précis de la loi.

Aux termes du Code pénal, il n'y a pas de délit de mendicité en réunion quand les mendiants qui opèrent ensemble sont le père et la mère ou leurs enfants. L'article 3 de la loi de 1874 ne contient pas une semblable réserve. « Quiconque emploiera... sera puni. » Il prévoit même expressément le cas où le délit est commis par un père ou une mère employant ses jeunes enfants à la mendicité. Cette disposition nouvelle a-t-elle eu pour effet d'abroger les restrictions de l'article 276 du Code pénal? Rien ne nous permet de le supposer. En vertu de l'article 276 les père et mère mendiant avec leurs jeunes enfants ne seront pas punissables pour un acte unique de mendicité. Mais s'ils les emploient à la mendicité habituelle, ils tomberont sous l'application de la loi du 7 décembre 1874.

SECTION V. — MENDIANTS RÉCIDIVISTES. (Loi du 27 mai 1885).

L'idée d'appliquer la transportation aux mendiants remonte à une époque fort éloignée. On en trouve la trace dans l'article 12, titre I, de l'ordonnance de 1670 et dans les déclarations des rois.

Une loi du 24 vendémiaire an II édictait cette mesure contre les mendiants récidivistes : ceux qui avaient un domicile étaient transportés à la seconde récidive ; ceux qui n'en avaient pas, à la première. Dans la colonie, ils étaient astreints au travail pénal. Le tribunal de district, sans assistance de jurés, prononçait cette peine qui était temporaire, mais dont le minimum de durée était de huit ans. La condamnation était conjurée quand, avant le jugement, un citoyen consignait une somme de 500 francs, comme garantie de la conduite ultérieure du prévenu.

La loi du 27 mai 1885 répond à la même préoccupation ; elle frappe, avec les grands criminels et les malfaiteurs professionnels, les vagabonds et les mendiants. C'est que « la mendicité et le vagabondage, « dit, à cette occasion, M. Garraud [1], constituent « l'école du crime et sont en relation directe avec la « criminalité, qui augmente ou diminue avec le déve- « loppement de ces plaies sociales. »

La loi sur les récidivistes organise quatre cas de relégation. Le délit de mendicité figure aux deuxième, troisième et quatrième cas.

(1) *Traité du Droit pénal français*, tome 2, numéro 206.

Le deuxième cas suppose, en effet, une condamnation aux travaux forcés ou à la réclusion, d'une part,
et, d'autre part, deux condamnations, soit à l'emprisonnement pour faits qualifiés crimes, soit à plus de
trois mois d'emprisonnement pour : vol, escroquerie,
outrage public à la pudeur, excitation habituelle des
mineurs à la débauche, *vagabondage ou mendicité
par application des articles 277 et 279 du Code
pénal.*

Le troisième cas suppose « quatre condamnations,
« soit à l'emprisonnement pour faits qualifiés crimes,
« soit à plus de trois mois d'emprisonnement » pour
les délits ci-dessus énumérés, y compris le *vagabondage et la mendicité par application des articles 277
et 279 du Code pénal.*

Le quatrième cas suppose « sept condamnations,
« dont deux au moins prévues par les deux para-
« graphes précédents et les autres, soit pour *vaga-
« bondage,* soit pour infraction à l'interdiction de
« résidence simple, par application de l'article 17 de
« la présente loi, à la condition que deux de ces
« autres condamnations soient à plus de trois mois
« d'emprisonnement ». La mention de la mendicité
ne suit pas, dans cette dernière disposition, l'indica-
tion du vagabondage.

Mais M. Gerville-Réache, rapporteur de la loi de
1885, a déclaré expressément que « la disposition de
« l'article 4 aggrave la situation des vagabonds et
« mendiants qualifiés par les articles 277 et 279 ; elle
« n'atteint pas ceux que visent les articles 276, 278

6

« et 281. » Il ne peut donc y avoir de doute sur ce point. Si le législateur ne parle pas de la mendicité dans le quatrième cas de relégation, il ne faut voir là qu'un oubli involontaire de sa part.

La loi du 17 mai 1885 n'a produit, au point de vue qui nous occupe, aucun résultat appréciable. Les mendiants qui s'abstiennent de commettre d'autres délits, demeurent, en effet, quel que soit le nombre des condamnations encourues, hors de la portée de ses prescriptions.

D'ailleurs. la relégation des mendiants ne nous paraît pas nécessaire. On risque en effet d'atteindre, comme on le faisait remarquer lors de la discussion de la loi, des êtres irrémédiablement paresseux peut-être, mais inoffensifs, des infirmes, des estropiés, des faibles d'esprit incapables de travail, des malheureux jetés dans la misère par la maladie ou par un chômage. Il est excessif de condamner de tels individus à la relégation. Dans bien des cas, ils sont plutôt à plaindre et à secourir qu'à punir.

DEUXIÈME PARTIE

MOYENS DE COMBATTRE LA MENDICITÉ

CHAPITRE I

Insuffisance des moyens actuels

L'organisation des dépôts de mendicité est restée théorique. Le législateur de 1808 et de 1810 a vu le mal : mais on ne peut que constater son impuissance.

Les dépôts actuels sont insuffisants. Ils ne peuvent ni réprimer, ni relever, ni assister. Là où ils existent, ils sont à la fois prisons, hospices et asiles, et les incapables y prennent la place des mendiants valides. Enfin, l'arbitraire administratif y règne. La durée du séjour du mendiant au dépôt dépend uniquement de la volonté du préfet.

En somme, les dépôts ont dévié de leur destination première. Le décret de 1808 avait voulu créer des établissements ouverts à tous les indigents sans travail ou valides : cette mesure était sanctionnée par l'article 274 du Code pénal. Or, tous les dépôts de mendicité existants, à l'exception de ceux de la Marne et de l'Algérie, sont fermés à cette catégorie d'indigents, qui dès lors se trouveraient injustement condamnés.

M. Monod faisait ressortir le défaut de cette installation dans un rapport du 10 juin 1888.

« Presque nulle part, disait-il, on n'a tenu compte
« de l'intérêt qui s'attachait à séparer les vagabonds
« et gens dangereux, les mendiants de profession
« et d'habitude, d'avec les individus poussés tempo-
« rairement par la misère à demander l'aumône ou
« à solliciter d'eux-mêmes leur admission au dépôt.
« Il aurait fallu des quartiers séparés et appliquer
« des régimes différents à des populations d'origine
« et de valeur différentes. L'organisation du travail
« y est tout à fait embryonnaire. Dans la plupart
« des dépôts, les mendiants ne sont occupés qu'aux
« travaux domestiques et intérieurs de la maison.
« Les reclus n'emportent à leur sortie qu'un pécule
« insignifiant à moins d'avoir fait préalablement un
« temps de prison correctionnelle assez prolongé.
« Les insubordonnés, les paresseux incorrigibles
« ne sont pas maintenus par une discipline assez
« sévère, et ils exercent sur toute la population de
« l'établissement une détestable influence.

« En résumé, un individu qui sort du dépôt est
« rejeté dans la société sans plus de ressources
« qu'avant et souvent moins bon qu'il n'y était
« entré ».

On a confondu, en somme, deux services distincts :
celui de l'hospitalisation et celui de la correctionali-
sation : ce dernier seul répond à la donnée vraie du
dépôt de mendicité, en supposant bien entendu que
l'assistance publique est entièrement organisée.

Les conséquences de la mauvaise organisation des
dépôts sont les suivantes : faiblesse dans la poursuite

et dans la répression, mélange des mendiants de profession et des mendiants d'accident, rejet dans la so--
ciété d'individus sans ressources et sans protection
qui viennent augmenter le contingent des incorrigibles.

De là, un développement croissant de la plaie sociale. Dans les campagnes, les mendiants sillonnent
les chemins. Dans les grandes villes, ils forment une
armée bien organisée. Paresseux par instinct, ivro-
gnes par goût, ils mettent toute leur habileté à dépis-
ter les recherches de l'autorité et à détourner à leur
profit le cours de la charité.

La statistique vient à l'appui de ce que nous venons
de dire. Il suffit d'y jeter les yeux pour s'en convaincre:

ANNÉES	PRÉVENUS POUR MENDICITÉ
1880	8.471
1888	14.458
1889	15.155
1890	15.330
1891	14.760
1892	15.776
1893	13.724
1894	14.955
1895	14.321

On le voit, le nombre des mendiants qui n'était
que de 8,471 en 1880 s'est élevé à 14,458 en 1888,

à 15,330 en 1890, à 15,776 en 1892. Cependant depuis 1892 une amélioration semble se produire. Elle est due aux efforts du législateur et des Sociétés de Patronage. La loi Bérenger du 26 mars 1891, qui a introduit le sursis à l'exécution des peines [1], a produit d'heureux résultats. Il en est de même de la loi du 14 août 1885 qui facilite la réhabilitation : elle permet d'effacer une condamnation du casier judiciaire ; or, on sait combien le casier judiciaire est gênant pour les condamnés qui veulent se relever.

La libération conditionnelle, introduite par cette même loi du 14 août 1885 (art. 2), a eu aussi une heureuse influence.

Citons encore, parmi les efforts du législateur, la loi du 24 juillet 1889, sur la déchéance de la puissance paternelle, la loi du 19 avril 1898, dont nous avons déjà parlé, et la loi du 27 mai 1885, sur la relégation des récidivistes.

Le Patronage s'est développé grâce à l'activité et à la pression de la Société générale des Prisons. Il a produit des résultats fort appréciables ; tandis que la récidive des libérés patronés ne s'élève qu'à 10 p. 100, celle des autres s'élève à 50 et 55 p. 100.

Mais le mouvement de déclin que nous constations précédemment n'est pas encore bien accentué puisqu'en 1895, nous trouvons un nombre plus grand de mendiants qu'en 1893. Il reste donc encore quelque chose à faire.

(1) Article 1er de la loi.

D'autre part, la loi est défectueuse. Dans les départements où il n'existe pas de dépôt, les mendiants invalides sont tolérés et la mendicité des individus valides n'est punissable qu'autant qu'elle est habituelle.

L'article 274, tel qu'il est rédigé et surtout tel qu'il est appliqué, constitue une monstruosité [1]. Il frappe le malheureux, et n'atteint que d'une façon dérisoire le coupable.

Il ne dit pas ce qu'il faut entendre par le mot « mendiant », par « lieu pour lequel il existera un « établissement public organisé pour obvier à la « mendicité. » Où cet établissement devra-il être situé ? Pendant combien de temps le mendiant devra-il rester au dépôt de mendicité au sortir de la prison ? Voilà autant de questions qui devraient être résolues par la loi et qui ne le sont pas.

Il manque à notre loi le caractère pratique. Comment admettre que tout individu qui se trouve dans le besoin puisse sans contrôle, ou même, je suppose, avec un simple certificat d'indigence, se rendre au dépôt de mendicité du département, et s'y faire assister jusqu'à ce que des jours meilleurs soient venus pour lui. Que de difficultés apparaissent immédiatement et pour le mendiant et pour l'asile destiné à le recevoir ?

Souvent, le malheureux sera très éloigné du dépôt ;

---

(1) Cette idée se trouve confirmée dans la circulaire de M. le Ministre de la justice, que nous avons déjà citée, page 18, note 1.

parfois, en effet, il n'en existe qu'un seul pour plusieurs départements. Comment, sans ressources, fera-t-il ce voyage? Que d'obstacles s'il est seul? Quelles impossibilités peut-être s'il est accompagné d'une nombreuse famille? Peut-être n'a-t-il besoin que de secours passagers.

Il lui faudra cependant quitter son foyer pour satisfaire aux règlements et éviter la prison.

Cette dure nécessité ne rendrait-elle pas en mainte circonstance l'exécution de la loi presque impossible? A la supposer strictement observée, l'embarras ne peut-il pas devenir extrème pour les dépôts de mendicité eux-mêmes? Dans les époques de misère, par les temps de crise ou de chômage, comment pourront-ils recueillir toutes les familles indigentes?

Les constatations que nous venons de faire ne sont pas purement théoriques. Le département de la Seine-Inférieure ne possède pas de dépôt de mendicité. Il a conclu avec le département de l'Aisne un traité en vertu duquel celui-ci doit affecter dans le dépôt de Montreuil-sous-Laon, cinquante places aux mendiants de la Seine-Inférieure.

Remarquons d'abord que ces deux départements ne sont pas limitrophes, et qu'aux termes d'un arrêté préfectoral du 28 juillet 1876, les indigents ne peuvent être admis au dépôt qu'avec autorisation du préfet; en outre, à leur sortie du dépôt, les invalides seuls peuvent être rapatriés à leur domicile aux frais du département.

Or, il arrive que plus de neuf cents individus sont

condamnés par les tribunaux de la Seine-Inférieure sous la prévention de mendicité.

A l'expiration de leur peine, ces individus doivent être, en vertu de l'article 274 du Code pénal, conduits au dépôt de mendicité. Comme ce dépôt est ici celui de Montreuil et qu'il ne dispose que de cinquante places pour le département de la Seine-Inférieure, que faire des autres mendiants ? Grand embarras !

Aussi, le tribunal correctionnel de Rouen a décidé, le 24 novembre 1898, qu'il ne saurait y avoir de délit et a acquitté les prévenus qu'on lui déférait.

Le tribunal de Château-Thierry a imité cet exemple.

Le 20 janvier 1899[1], il a acquitté un jeune homme de dix-sept ans poursuivi pour mendicité. Le prévenu avait demandé et obtenu, à La Ferté-Milon, un morceau de pain.

Le jugement fait remarquer que celui-ci était sans ressources au moment de son arrestation, qu'on ne lui a jamais appris aucun métier et que, placé par sa mère, veuve, chez un cultivateur, qui d'ailleurs ne le payait pas, il n'a jamais eu rien à se reprocher sous le « rapport de la probité et de la moralité » ; que, ayant quitté ce patron, il a essayé de se procurer du travail « et s'est hâté d'en profiter quelque minime « qu'en ait été le salaire ».

Le jugement continue en ces termes :

« Attendu que c'est dans ces conditions que C...,

(1) *Gazette des Tribunaux*, 4 février 1899.

« sans travail, presque sans vêtements et dans l'im-
« possibilité de pouvoir compter sur le secours des
« siens, a demandé et obtenu à La Ferté-Milon un
« morceau de pain ;

« Qu'à raison de ce fait, il est poursuivi pour men-
« dicité, le département de l'Aisne possédant un
« établissement destiné à y obvier ;

« Attendu sur ce point, que l'établissement dont il
« s'agit est affecté. d'après les renseignements offi-
« ciels, à huit départements ; qu'il contient seulement
« sept cent seize places, toutes occupées actuellement.
« alors qu'il existe dans l'étendue de sa circonscrip-
« tion un nombre infiniment supérieur d'indigents
« obligés de recourir à la mendicité ;

« Que sa population se compose de vieillards, de
« mendiants, atteints d'infirmités de toutes les caté-
« gories, d'idiots, à concurrence de six cent vingt-
« six ; de soixante-douze mendiants reçus à la suite
« de condamnations et de dix-huit enfants au-dessous
« de quinze ans ;

« Qu'il ne reçoit aucune personne valide réduite
« momentanément à l'indigence par manque de tra-
« vail ;

« Attendu que, malgré son utilité incontestable et
« les louables efforts de l'administration, cet établis-
« sement, à raison de son exiguité, ne répond ni aux
« nécessités, ni aux exigences de la situation ;

« Que, du reste, pour s'y faire admettre, l'indigent
« doit non seulement faire une demande, mais encore
« obtenir l'intervention de sa famille ou de sa com-

« mune, de qui on exige l'engagement de participer
« aux frais d'entretien ;

« Qu'il était impossible à C..., comme à la plupart
« des indigents cherchant du travail loin de leur pays
« d'origine, de fournir de semblables justifications.

« Qu'eut-il été à même de les produire, il lui fallait,
« tout au moins, se procurer à manger en attendant
« la décision administrative, toujours longue à venir,
« malgré l'activité qu'on peut apporter à la prendre ;

« Qu'il y a donc lieu de décider que l'établisse-
« ment existant à Montreuil-sous-Laon, dans le dépar-
« tement de l'Aisne, pour obvier à la mendicité, non
« seulement dans ce département, mais dans huit
« autres, est absolument insuffisant pour satisfaire
« au vœu de la loi ;

« Que cette constatation suffirait à elle seule pour
« amener le relaxe du prévenu ;

« Attendu, etc...... »

Voilà quelle est la situation. Elle est fort grave :
il convient donc d'y remédier.

CHAPITRE II

Moyens qu'on pourrait employer.

Les moyens actuels pour combattre la mendicité sont insuffisants. La répression ne saurait être équitable qu'à la condition d'être justifiée par un système d'assistance et de secours à domicile, destiné à prévenir la mendicité et à la rendre inexcusable. Le dépôt de mendicité, même bien organisé, offrirait un asile aux plus grandes misères, mais il ne porterait ni secours, ni remède à ces infortunes d'un instant, cachées la plupart du temps, d'où naît ensuite la mendicité. De là l'idée de l'assistance par le travail, comme premier remède à employer.

SECTION I. — ASSISTANCE PAR LE TRAVAIL

L'idée date de longtemps. Saint-Vincent de Paul faisait creuser et combler tour à tour des fossés par les mendiants. Bien des essais ont été tentés en cette matière, mais la plupart ont échoué.

Aujourd'hui, l'assistance par le travail est en grand honneur. Elle peut contribuer à la diminution de la mendicité.

Les œuvres auront à répondre à un double besoin :

admission facile du porteur d'un bon pour éviter au mendiant le prétexte d'un refus ; mais règlementation sérieuse et sévère du travail, afin que ceux-là seuls qui méritent d'être aidés profitent pendant un temps assez long des bienfaits de l'œuvre, et en sortent ayant retrouvé de l'ouvrage. Cette recherche du travail est fort difficile. Aussi certaines œuvres ne se préoccupent pas du placement de leurs assistés.

Cependant c'est là, pour elles, un progrès qu'il importerait de réaliser.

Il existe actuellement, à Paris, plus de vingt œuvres d'assistance par le travail. Il y en a à peu près autant en province.

Ces œuvres peuvent se diviser en trois catégories :

1° Œuvres qui n'hospitalisent pas et paient en argent un travail fait à domicile par l'assisté.

2° Œuvres qui hospitalisent les assistés.

3° Œuvres qui cherchent simplement à répondre aux besoins immédiats des pères de famille ou des ouvriers sans travail.

§ I. — *Œuvres qui n'hospitalisent pas.* — Citons parmi elles, l'œuvre fondée par M. Mamoz, rue du Colisée, l'œuvre des « *Mères de famille* », l' « *Ouvroir protestant* », 11, rue du Val-de-Grâce, la « *Société Havraise de secours* », etc. Toutes les œuvres qui donnent du travail à domicile ne s'occupent que des femmes. Les hommes sont secourus par des travaux en chantier ou en atelier.

Signalons encore, en province, « *l'Œuvre d'assis-*

tance pour l'apprentissage des jeunes filles » fondée
à Sens en novembre 1892.

§ II. — *Œuvres hospitalisant les assistés.* — Le
modèle est la « *Maison hospitalière* » fondée en 1888,
par M. le pasteur Robin. Destinée aux ouvriers sans
asile et sans travail, elle en a reçu 1162 en 1893,
soit sur leur demande directe, soit sur présentation
d'un bon de la maison, remboursé après utilisation
par le donataire au prix de 1 fr. 50, représentant la
première journée d'hospitalisation des assistés.

La façon des margotins fabriqués à la tâche repré-
sente en moyenne 1 fr. 20 par jour et par ouvrier ;
l'hospitalisation quotidienne revenant à 1 fr. 50 par
tête, la perte n'est que de 0 fr. 30, soit 1/5 de la
dépense. Cette proportion est très faible ; car, c'est
une œuvre de passage où échouent pas mal de gens
qui disparaissent sans travailler, après avoir mangé,
couché et s'être fait habiller si possible.

Le maximum de séjour est de trois mois ; la
moyenne est de 14 à 15 jours.

La « *Colonie agricole de la Chalmelle* » fondée
en 1891 par la ville de Paris, en faveur des ouvriers
ruraux venus à Paris, sans travail, âgés de 25 à
50 ans, valides et ayant de bons antécédents, est
inspirée par les mêmes principes. La durée du
séjour n'y est pas limitée. Il s'agit, en effet, d'ouvriers agricoles.

Citons encore : la « *Fondation Laubespin* » dirigée
par la sœur Saint-Antoine, qui se suffit à elle-même ;

le « *Refuge* » fondé par la ville de Paris en 1890, rue Fessart, où sont logées et nourries les femmes sans asile et sans travail, pour la plupart des filles-mères, domestiques sans place, etc.

La province a suivi l'exemple de la capitale.

A Bordeaux, la « *Société pour l'extinction de la mendicité* », fondée en 1827, joint à son dépôt de mendicité et son quartier d'infirmes, dont les frais sont payés par le département et par la ville, une hospitalisation pour indigents non susceptibles d'être admis aux hospices.

A Nîmes, 400 malheureux se présentent annuellement dans les locaux de la route de la Sauve appartenant à la « *Société nîmoise d'assistance par le travail* ».

« *L'Hospitalité temporaire par le travail* » de Lyon est fondée exactement sur le modèle de la maison hospitalière de M. le pasteur Robin.

A Nantes, existe le « *Refuge du travail réparateur* » pour les filles ou femmes abandonnées enceintes, non récidivistes.

§ III. — *Œuvres qui cherchent à répondre aux besoins immédiats des pères de famille ou des ouvriers sans travail.* — Elles réunissent les nécessiteux dans des ateliers ou des chantiers et leur donnent, soit sous forme de bons, soit en argent, un salaire immédiat. Les « *Unions d'assistance* » du XVIe arrondissement de Paris rentrent dans cette catégorie.

7

« *L'Union d'assistance du XVI⁰ arrondissement* »
est peut-être celle qui a le mieux compris le but à
atteindre et les moyens d'y parvenir. Reconnue
d'utilité publique le 24 août 1894, ses statuts ont
été communiqués à tous les préfets pour servir de
type aux Sociétés analogues qui se fonderaient dans
les départements. L'œuvre est une agence d'assistance au service de ses associés ; elle s'occupe donc
de tous les indigents envoyés par les associés et
recueille en outre ceux du XVI⁰ arrondissement
qui se présentent eux-mêmes. Elle renseigne ses
associés sur les pauvres, transmet à ceux-ci les
secours mis à sa disposition par ceux-là, et remet
à ses adhérents des tickets de diverses formes, qui
leur servent de monnaie d'assistance et dont l'agence
ne paie la valeur qu'en travail ou après renseignements.

Modèle de ticket :

TICKET OUVERT	TICKET FERMÉ
	UNION D'ASSISTANCE
Date	DU XVI⁰ ARRONDISSEMENT
Nom	**A LA MAIRIE**
Adresse	DE 2 A 4 HEURES
Somme *Fr.*	
N.P. N.O.	
Nᵒ personnel. Nᵒ d'ordre.	

Le numéro personnel remplace la signature de
celui qui donne le ticket.

L'*Union d'assistance* du XVIᵉ arrondissement a encore créé pour les femmes un ouvroir donnant du travail à domicile.

Des œuvres du même genre ont été créées à Lyon, Rouen, Marseille.

Comme on vient de le voir, on a fait en France de louables efforts pour soulager la misère. Il faut persévérer dans cette voie ; car n'oublions pas que les meilleures mesures pour combattre la mendicité sont les mesures préventives.

Secourir un malheureux, à un moment donné, c'est le faire rester dans le droit chemin. S'il se trouvait abandonné, il mendierait une fois, deux fois et prendrait goût à ne rien faire.

Au lieu d'avoir un honnête homme, nous aurions un oisif de plus, un exploiteur de la charité publique, portant du tort à ceux qui sont réellement malheureux.

Mais l'assistance par le travail n'est qu'un remède général, pourrait-on dire, un remède qui doit se trouver à la base de tous les autres. Il y a encore d'autres choses à faire pour combattre la mendicité.

Voyons maintenant ce que pense M. le pasteur Robin, fort compétent en la matière.

SECTION II. — PROPOSITIONS DE M. LE PASTEUR ROBIN

Il propose deux choses :

1° La création de maisons hospitalières et d'asiles où sera pratiquée l'assistance par le travail;

2° La fondation de colonies agricoles ou industrielles où le travail sera imposé à ceux qui refusent de travailler et qui se livrent à la mendicité.

Cette double mesure, l'une préventive, l'autre répressive de la mendicité, est une mesure économique en même temps que de préservation sociale. Seule, elle est efficace pour diminuer le chiffre des condamnations et conjurer le fléau de la mendicité.

M. le pasteur Robin fonde sa conviction sur les expériences déjà faites partout où ce double moyen a été employé. Il justifie cela par des faits.

Il cite l'exemple de la maison hospitalière de la rue Clavel, à Paris, où la pratique de l'assistance par le travail a permis de réaliser une très grande économie dans les dépenses. « Pendant l'exercice 1888, dit-il, « les résultats ont dépassé toutes nos espérances, « puisque chaque journée d'hospitalité n'a coûté, tou- « tes dépenses faites et y compris les frais généraux, « que la faible somme de 0 fr. 09 pour les travailleurs, « tandis que la journée pour les non travailleurs y « revient à 1 fr. 40. »

Il est possible qu'on n'obtiendra pas toujours ce résultat économique. Mais M. le pasteur Rodin insiste et il donne pour la moyenne des établissements hospitaliers des données concluantes.

Elles font ressortir une double économie très notable, résultant à la fois du produit du travail et de la diminution du nombre des assistés. « Car le travail, « ajoute avec raison M. le pasteur Robin, a cette dou- « ble vertu, de produire des ressources pour l'assis-

« tance et de se débarrasser des mendiants qui ont
« peur du travail. »

SECTION III. — RÉSOLUTIONS DES CONGRÈS

Les Congrès se sont aussi occupés de la question
de la répression de la mendicité et ont proposé des
remèdes. Voici notamment les résolutions votées par
le Congrès international d'Anvers de 1890 (3e section) :

a) Tout individu reconnu absolument incapable de
gagner sa vie a droit à l'assistance publique et ne peut
être considéré comme mendiant (ou vagabond) ; dès
lors, il n'est pas passible, à ce titre, de la loi pénale.

b) L'assistance publique a le devoir de garder ou
d'aider efficacement les convalescents jusqu'à ce qu'ils
aient la force nécessaire pour exercer leur métier ou
profession.

c) Les établissements ou sociétés d'assistance publique et privée doivent compléter leur œuvre en s'oc-
cupant de rechercher du travail pour les indigents
qu'ils assistent et de les employer, en attendant, à un
travail momentané qui couvrira une partie des frais
de l'assistance donnée.

Les administrateurs des villes sont invités à employer le plus possible les assistés dans les services
publics.

d) Les établissements et sociétés d'assistance doivent favoriser le rapatriement dans les campagnes
dont ils sont originaires des indigents des grandes
villes.

Les communes dont le mendiant est originaire doivent concourir au rapatriement.

Il y a lieu d'obtenir des administrations des chemins de fer, en vue de ce rapatriement, des coupons, des réductions de tarifs, ou même des parcours gratuits.

e) Il y a lieu de développer les institutions de prévoyance et d'assistance, non seulement d'ordre privé, mais encore celles ayant un caractère public, telles que les caisses d'assurances, les caisses ou établissements pour les invalides du travail, etc.

f) Dès qu'un individu est reconnu, conformément aux lois de chaque nation, comme mendiant récidiviste qualifié, il doit rester autant que possible sous la tutelle de l'Etat, et être soumis à un régime plus sévère, avec faculté pour l'autorité d'appliquer la libération conditionnelle.

g) Il faut enfin pour enrayer les progrès de la mendicité, encourager la création d'institutions et provoquer des mesures législatives destinées à combattre l'alcoolisme.

En 1894, un nouveau Congrès international s'est tenu à Lyon[1]. Il a émis les vœux suivants qui ont été reproduits par le Congrès d'Anvers (25 juillet 1894) :

a) Il y a lieu d'appliquer un traitement différent aux trois catégories d'individus confondues jusqu'ici et qu'il convient de séparer :

(1) 21-24 juin 1894.

1° Indigents invalides ou infirmes ;

2° Mendiants ou vagabonds accidentels ;

3° Mendiants professionnels.

b) Les indigents invalides ou infirmes ont droit à l'assistance publique qui doit les garder et les aider jusqu'à ce qu'ils aient acquis la force nécessaire pour retrouver des moyens d'existence. Il y a lieu de développer les institutions de prévoyance d'ordre privé, telles que les sociétés de mutualité, les assurances, les caisses de retraite, ainsi que les moyens d'assistance, tels que les secours médicaux gratuits, les secours à domicile et les hospices intercommunaux.

c) Les mendiants et vagabonds accidentels relèvent de l'assistance publique ou privée et doivent être recueillis dans les refuges où le travail sera obligatoire. Il y a lieu d'encourager et de subventionner les œuvres d'assistance par le travail, fondées par l'initiative privée et de les relier par un organe central d'informations et de propagande. Il y a lieu de provoquer les communes, syndicats de communes et départements à créer des refuges publics. Les dépenses de ces refuges seront obligatoires et alimentées par les budgets communaux et départementaux, et par des subventions de l'Etat.

d) Les mendiants et vagabonds professionnels relèvent de la loi pénale, et doivent être soumis à une répression sévère. Il y a lieu d'augmenter la durée de la peine en cas de récidive. Cette peine sera subie d'abord en cellule, ensuite dans des établissements de travail, de préférence dans les colonies agricoles.

Ces conclusions ont été également celles du Congrès de Paris dans sa séance du 8 juillet 1895 (3me section). Après avoir posé le principe que la société a le droit de prendre des mesures de préservation sociale, mèmes coercitives, contre les mendiants et les vagabonds, le Congrès les divise en trois catégories et applique à chacune d'elles un traitement différent.

Cette division des mendiants a également été reprise par M. Prins au dernier Congrès d'Anvers (mai 1898).

SECTION IV. — SYSTÈME DE M. PAULIAN

M. Paulian, dans un ouvrage [1] fort documenté et fort intéressant, propose plusieurs réformes qui forment un tout, un système complet de répression de la mendicité.

Son but n'est pas de supprimer le paupérisme. C'est là un rève qui a pu hanter le cerveau d'esprits généreux, mais ce n'est là qu'un rève. La société doit avoir du cœur, comme dit M. Baudrillart ; mais il ne faut pas, sous prétexte d'avoir du cœur, aggraver le mal.

Certains hommes politiques font constamment appel à l'autorité de l'Etat, aux prescriptions de la loi pour venir en aide aux classes laborieuses. Il ne faut pas exagérer cette tutelle. L'Etat a évidemment le droit d'intervenir dans bien des circonstances, par

(1) *Paris qui mendie ; les vrais et les faux pauvres.*

exemple, pour assurer la sécurité de l'ouvrier dans l'atelier ou dans l'usine ; il a le devoir d'encourager et au besoin de provoquer la création d'œuvres d'assistance mutuelle, de prévoyance et d'épargne, mais sans oublier qu'en pareille matière l'initiative individuelle peut seule assurer le succès final, parce que seule elle est capable d'apporter son cœur et son âme dans les œuvres qu'elle enfante.

En France, nous avons, dans ces dernières années, réalisé de grands progrès. Depuis le jour où on a créé au Ministère de l'intérieur la Direction générale [1] et le Conseil supérieur de l'Assistance publique [2], de tous côtés les bureaux de bienfaisance, les sociétés de secours mutuels, les caisses de retraite, en un mot toutes les associations ayant pour but de venir en aide aux faibles et aux petits, ont pris un essor des plus heureux et des plus encourageants.

Mais, quoi qu'on fasse, il y aura toujours des malheureux qui, par suite d'un manque d'énergie ou de prévoyance, d'une infirmité, d'un chômage, ou même d'une faute ou d'un vice invétéré, se trouveront à un moment donné sans travail, sans pain et sans asile. Pour tous ces malheureux, l'appel à la charité est un droit naturel. Venir en aide à tous ceux qui souffrent est une obligation sociale. Ceux qui peuvent travailler doivent gagner leur pain : ce pain sera en proportion de leur effort et de leur intelligence.

(1) Décret du 4 novembre 1886.
(2) Décret du 14 avril 1888.

Quant aux incapables, la société a le devoir d'assurer leur subsistance ; mais personne n'a le droit de se faire nourrir par son semblable, quand il peut travailler. Le droit de manger a pour corollaire le devoir de travailler.

Voilà comment M. Paulian pose le problème. Arrivons maintenant aux réformes qu'il propose.

1re réforme. — Suppression de l'aumône dans la rue. — Cette réforme est difficile à réaliser. La foule comprendra difficilement qu'en donnant deux sous à un pauvre dans la rue on commet une mauvaise action. C'est cependant la vérité.

M. Paulian s'est livré à ce sujet à des expériences concluantes. Pour bien connaître les mendiants, il s'est fait lui-même mendiant. Il a été tour à tour aveugle, cul-de-jatte, joueur d'orgue, ouvreur de portières, etc. Après avoir assisté aux orgies des faux pauvres, il a vu mourir de faim et de misère les vrais malheureux. les pauvres honteux qui n'osent pas tendre la main aux passants.

Il est vrai que l'aumône faite dans la rue peut tomber entre les mains de véritables indigents. Mais le remède suivant permet à tout le monde d'avoir la conscience tranquille.

2o réforme. — Remplacement de la pièce de deux sous ou du morceau de pain par des bons personnels. — Les bons dont parle M. Paulian n'ont rien de commun avec les bons de pain, de viande ou de légumes qui sont distribués par les fourneaux économiques. De tels bons sont revendus par les mendiants. A Paris, il existe des marchés de bons de pain, dē charbon, de viande, etc.

Il faut donner au mendiant un bon personnel qu'il ne puisse pas revendre. M. Paulian voudrait, avec raison, voir se propager le système inauguré par l'*Union d'assistance du XVIe arrondissement*, dont nous avons déjà parlé.

On achète des bons à l'Union d'assistance, et on les donne aux mendiants. Ceux-ci se rendent alors à la mairie de l'arrondissement, où se tient en permanence le délégué de la Société charitable.

Ils présentent leur ticket qu'on leur retire, et, en échange, on leur remet un bon qui n'est valable que pour le jour même. En face de la mairie se trouvent le boulanger et le restaurateur qui délivreront immédiatement le pain et la soupe qu'il faudra consommer sur place.

De cette façon, un individu qui aurait recueilli un grand nombre de bons ne peut en consommer que quatre ou cinq par jour. Pour consommer les autres, il devra se présenter devant le même employé. Celui-ci s'apercevra qu'il a à faire à un professionnel et lui refusera l'estampille sans laquelle le bon n'a aucune valeur.

Si le malheureux qui a reçu le ticket ne se présente pas, le ticket sera perdu pour lui, mais la Société aura gagné dix centimes qui serviront à aider d'autres malheureux.

3ᵉ réforme. — Organisation de l'assistance par le travail. — Ce moyen, dont nous avons déjà parlé, nous permettra de démasquer les voleurs de pauvres. Offrez, en effet, du travail, et les faux mendiants s'éclipsent. M. Paulian en a fait lui-même l'expérience. Quand un individu se présente chez lui, se disant ouvrier sans travail, il lui propose d'arroser sa pelouse, moyennant 0 fr. 40 l'heure. « Rarement, « dit-il, cet individu travaille plus d'un quart d'heure. « Il profite du voisinage de la porte pour s'esquiver « sans rien demander. »

Le gouvernement fit, en 1890, un essai qui confirme les dires et les expériences de M. Paulian. L'hiver était rigoureux. Sous prétexte de venir au secours des malheureux, le gouvernement créa au Champ-de-Mars, dans les bâtiments de l'Exposition universelle, un vaste refuge de nuit. On les reçut dans la suite le jour et la nuit, et on leur donna de la soupe. Ils s'y rendirent en nombre. Un jour, il y en avait sept cents. M. le pasteur Robin[1] offrit des cartes pour sa maison hospitalière à ces sept cents individus. Cent acceptèrent. Sur ce nombre, cinquante-cinq seulement se présentèrent à la maison hospitalière. Au bout de deux jours de travail, ces cinquante-cinq étaient réduits à onze.

L'assistance par le travail doit donc être encouragée et généralisée. Mais comment doit-elle être

---

(1) V. Paulian. — *Paris qui mendie,* 2ᵉ partie, chapitre III, pages 206 et suivantes.

organisée ? Quel travail fera-t-on exécuter ? D'après quel tarif paiera-t-on les assistés ? Que deviendront les objets fabriqués ? Il ne s'agit pas de créer des ateliers nationaux d'où sortiraient tous les jours des quantités de produits manufacturés qui viendraient encombrer le marché public.

On fera faire à ceux qu'on recueille un travail quelconque. On peut, par exemple, les occuper aux menus travaux intérieurs de la maison. Ce qu'on leur demande, c'est un effort, une preuve de bonne volonté. Par conséquent, l'occupation à laquelle les assistés seront soumis doit être des plus simples, afin de n'exiger aucun apprentissage ; mais il faut qu'elle soit assez dure pour que le pensionnaire ne soit pas tenté de vouloir rester trop longtemps dans cet asile qui n'est et ne doit être qu'un refuge provisoire.

Souvent l'œuvre d'assistance par le travail affectera la forme d'un atelier ou d'un ouvroir, comme la Maison hospitalière de M. le pasteur Robin, par exemple.

4ᵉ Réforme. — Réforme du domaine de la préfecture de police et de l'assistance publique. — Il faudrait commencer par instituer une brigade spéciale chargée uniquement de la répression de la mendicité. Il faut que les agents chargés de ce service puissent acquérir un certain flair et une certaine habitude en se spécialisant et en fréquentant constamment les mêmes lieux et le même public. Le délit de mendicité n'est pas, en effet, si facile à déterminer qu'on le suppose généralement. Les agents chargés de la répression de la mendicité devraient étudier chaque mendiant en particulier.

La police aurait encore autre chose à faire.

Elle pourrait interdire la mendicité sous les portes cochères, qu'elle tolère aujourd'hui, sous prétexte que l'homme qui stationne sous une porte cochère n'est pas sur la voie publique.

Elle devrait également interdire la mendicité aux portes des églises. Un grand nombre d'ecclésiastiques, que M. Paulian a interrogés, ont déclaré qu'ils seraient heureux de voir chasser de la porte de l'église tous ces mendiants de profession qui ne leur inspirent aucun intérêt et qui drainent un argent qui pourrait servir plus utilement à soulager de véritables misères.

Enfin, la police devrait faire conduire à la gare du chemin de fer tous ceux qui demandent à être rapatriés ; et au lieu de délivrer le billet à ces individus, on devrait le remettre entre les mains du chef de train, qui aurait pour mission de s'assurer que chaque rapatrié se rend bien à la gare indiquée par son billet. On éviterait ainsi le trafic des billets de chemin de fer qui se pratique souvent.

Tout ce qui précède ne s'applique qu'aux villes.

Les campagnes ne sont pas moins dignes d'intérêt.

M. Paulian n'en parle pas, intentionnellement sans doute ; car, il s'occupe surtout des mendiants de Paris.

Aussi, nous complèterons, sur ce point, son système, que nous acceptons d'ailleurs.

Dans les campagnes, la surveillance des mendiants
pourrait être confiée non seulement à la gendarmerie, mais encore aux maires, aux gardes-champê-
tres, aux douaniers, et même aux cantonniers, ainsi
que le propose M. Cruppi dans une proposition
récemment présentée à la Chambre et que nous
examinerons en détail dans la quatrième partie de
notre étude.

L'assistance publique a aussi quelque chose à faire.
Elle pourrait mieux employer ses fonds et exercer un
contrôle plus sévère. Il est question ici de l'ensemble
de l'assistance officielle, soit qu'elle agisse avec les
fonds de l'Etat, du département ou de la commune,
soit qu'elle agisse avec les recettes de l'Assistance
publique proprement dite. Pour arriver à une bonne
répartition des secours, il faudrait l'entente de plusieurs pouvoirs. Chaque administration s'occupe
d'une catégorie spéciale de malheureux et lui consacre la totalité de son budget, sans se soucier de savoir
s'il n'y a pas d'autres catégories de malheureux plus
dignes de pitié.

L'administration devrait mieux organiser ses services. Elle devrait, dans l'allocation des secours :

1° Faire passer l'infirme avant le valide.

2° Empêcher les cumuls.

L'expérience nous apprend que les cartes distri-
buées par les bureaux de bienfaisance non seulement se prêtent, mais souvent se vendent après la

mort du titulaire. Nous signalons cet abus parmi tant d'autres du même genre. On pourrait les faire disparaître par quelques petites réformes de détail. Pourquoi, par exemple, n'exigerait-on pas une carte d'identité chez celui qui reçoit des secours en argent du bureau de bienfaisance ?

Réformes législatives. — La loi est mal appliquée ; mais elle est souvent défectueuse. Les dépôts de mendicité sont insuffisants et mal organisés. Par suite la peine portée par l'article 274 est trop sévère. Si le code avait dit qu'on punirait toute personne qui aurait été trouvée mendiant dans une commune dans laquelle il existerait un établissement ouvert aux mendiants, la sévérité de la loi aurait pu être admise. Mais actuellement on punit des hommes parce qu'ils sont sans ressources, quand même cet état sera involontaire chez eux.

Il faut donc modifier l'article 274 du Code pénal, et d'abord définir le délit de mendicité.

L'homme qui est malheureux, et qui ne peut pas momentanément gagner sa vie, ne commet aucun délit en demandant la charité. Mais celui qui exploite la charité publique commet une véritable escroquerie et devrait être passible de la peine qui frappe l'escroquerie.

On pourrait définir la mendicité, l'acte qui consiste à demander par une manœuvre dolosive quelconque un secours dont on n'a pas besoin et qu'on pourrait se procurer par un travail honnête.

La mendicité une fois définie, il faudrait la considérer comme une escroquerie, ce qui permettrait d'appliquer la peine de cinq ans de prison et une amende de cinquante à trois mille francs. Il y a des mendiants qui ont assez amassé pour payer assez facilement cette amende. Ce serait un moyen de leur faire rendre ce qu'ils ont volé aux vrais pauvres ; car il faudrait attribuer le produit de ces amendes aux bureaux de bienfaisance de la commune dans laquelle le mendiant a été arrêté.

Actuellement, en effet, la peine de trois à six mois de prison est injuste quand elle s'applique à des malheureux ; elle est dérisoire quand on l'inflige au mendiant professionnel pour lequel la prison, surtout la prison en commun pendant la mauvaise saison, équivaut à un séjour à l'hôtellerie.

M. Paulian possède des dossiers de mendiants ayant été condamnés 50 et 60 fois à la prison pour mendicité. Ces mendiants vont, l'été, faire leur saison à Vichy, à Trouville, ou à Dieppe, et l'hiver, ils se font « remiser » à la prison la plus confortable.

Le législateur devrait en outre faire de la mendicité avec enfants un délit spécial.

Enfin M. Paulian estime qu'il ne faudrait pas envoyer le mendiant à l'expiration de sa peine dans un dépôt de mendicité. « Au lieu de condamner un « homme, dit-il, à rester trois mois en prison et trois « mois dans un dépôt, ne serait-il pas plus simple « de le condamner à six mois de prison. » Il y aurait économie et le résultat serait le même.

8

Il y aurait économie parce qu'on éviterait des voyages incessants, des interruptions de travail, des frais considérables d'écritures, etc.

Le résultat serait le même ; car si les tribunaux édictaient des peines assez longues on pourrait savoir si ces professionnels se sont corrigés. D'ailleurs un individu qui sort du dépôt de mendicité n'a pas en général un grand pécule de sortie. Sa situation est la même en sortant du dépôt qu'en sortant de la prison.

Ici, nous nous écartons du système de M. Paulian. Il doit y avoir une différence entre le régime du dépôt et le régime de la prison. L'internement au dépôt ne doit pas avoir un caractère répressif. Tout mendiant condamné doit subir la peine de son délit dans la prison. Ensuite il entrera au dépôt. Là, il sera hospitalisé et remboursera les frais de son entretien par le travail, en attendant qu'il trouve à gagner sa vie au dehors. Là, il trouvera des conseils et des enseignements qui lui manqueraient peut-être à la prison. Bien entendu, il est nécessaire pour cela que le dépôt soit bien organisé. Il faut que ce soit une maison de travail et non un hôpital.

Quand le législateur aura accompli les réformes que nous avons indiquées, il devra constituer sinon le Ministère de la bienfaisance et de la charité publique, du moins une Direction générale de l'assistance publique et de la charité ayant son autonomie, centralisant dans ses mains tous les services concernant la santé publique, la protection de l'enfance, l'assistance aux vieillards, aux aveugles, aux idiots, aux infirmes, aux malheureux et aux invalides du travail, et pouvant imposer aux hospices, aux asiles et aux hôpitaux des départements les règles aujourd'hui édictées par la science moderne.

Réforme du domaine des Sociétés privées. — Création d'une caisse centrale des Sociétés de charité privée. — Il faut empêcher le cumul dans l'allocation des secours, et pour cela créer une caisse centrale des œuvres de charité privée d'une même localité. Les Sociétés continueront à fonctionner comme elles le font aujourd'hui. Mais, lorsque les secours auront été votés, au lieu de donner au malheureux la somme ou l'objet qu'elles lui destinent, elles lui remettront un bon payable à la caisse centrale.

Cette caisse fonctionnera comme une maison de banque. Le pauvre se présentera à son guichet muni de son bon et recevra ce qui lui est dû. Seulement la caisse avant de payer fera deux choses : elle s'assurera de l'identité du porteur du bon et inscrira à son nom la somme ou l'objet qu'elle lui remettra.

Pour s'assurer de l'identité du mendiant, la caisse exigera une carte d'identité qu'elle délivrera elle-même à l'assisté. Sur cette carte il y aura la photographie et peut-être même le signalement anthropométrique du porteur.

Tel est le système de M. Paulian.

Mentionnons encore, en terminant, les réformes qui se trouvent consignées dans une note adressée, sous le couvert du ministre de l'intérieur, aux conseils généraux, par une commission mixte formée de membres de la « *Société générale des Prisons* » et de la « *Société internationale pour l'étude des questions d'assistance.* »

Voici le résumé de ces réformes :

1° Provoquer la création d'ateliers d'assistance, surtout en venant en aide aux œuvres privées ;

2° Décourager les instincts de la mendicité (et du vagabondage) par l'établissement méthodique d'abris sérieusement organisés ; rendre rigoureux l'internement des mendiants par l'application de la cellule, la suppression absolue du vin et du tabac.

Voilà bien des remèdes qui ont été proposés. Le moment est venu de choisir parmi eux.

Nous avons déjà indiqué nos préférences : il ne nous reste qu'à les affirmer. Nous n'hésitons pas à nous rallier au système de M. Paulian, sauf les restrictions que nous avons faites, et en nous souvenant toujours qu'il faut faire dans les mendiants trois catégories et appliquer un traitement différent à chacune d'elles :

1° Les invalides et les infirmes ;

2° Les mendiants d'occasion ;

3° Les professionnels.

Ajoutons qu'il serait bon de faire subir l'emprisonnement en cellule aux délinquants. En effet, plus l'emprisonnement sera rigoureux, plus on découragera ces mendiants qui vivent de la « *paupériculture* », suivant le mot charmant de M. Abraham Dreyfus. On pourra d'ailleurs faire travailler ces délinquants en cellule. Car il y a des métiers qui peuvent être exercés en cellule, par exemple, ceux qui n'exigent aucun apprentissage.

On ne trouvera plus alors des mendiants ayant cinquante et soixante condamnations pour mendicité, de ces individus qui, après avoir fait leur saison dans une station balnéaire ou thermale, vont se faire « remiser », l'hiver, dans une prison où ils savent qu'ils seront bien traités.

TROISIÈME PARTIE

LÉGISLATIONS ÉTRANGÈRES

LÉGISLATIONS ÉTRANGÈRES [1]

Les pays étrangers sont en progrès sur nous pour la répression de la mendicité. Nous allons nous en apercevoir en parcourant successivement les législations de la Belgique, de l'Allemagne, de l'Angleterre, de la Suisse, de la Hollande et de l'Italie.

CHAPITRE I

Belgique

(Loi du 27 novembre 1891.)

La loi qui régit la Belgique est celle du 27 novembre 1891, due à l'initiative de M. Le Jeune, mise en vigueur le 1er janvier 1892.

Elle distingue quatre catégories de mendiants :

1re Catégorie. — Enfants et jeunes gens jusqu'à 18 ans. — Ils ne sont pas condamnés à de courtes peines. Tout jeune homme est envoyé dans un établissement spécial, appelé « *Ecole de bienfaisance* », jusqu'à sa majorité, sauf s'il se conduit bien et s'il travaille. Il pourra être rendu conditionnellement à ses parents ou à son tuteur, par décision du Ministre

---

(1) Les renseignements sur les « Législations étrangères » sont tirés en grande partie du *Bulletin de la Société générale des Prisons*.

de la justice, lorsque ceux-ci présenteront des garanties suffisantes de moralité, et seront à même de surveiller leurs enfants ou pupille. Les individus rendus conditionnellement à leurs parents ou à leurs tuteurs pourront, jusqu'à leur majorité, être réintégrés dans une école de bienfaisance de l'Etat, lorsqu'il sera reconnu que leurs parents ou leur tuteur sont devenus dangereux pour leur moralité.

Dans les écoles de bienfaisance, les enfants sont séparés en trois groupes :

1er groupe : Enfants jusqu'à 13 ans.

2me groupe : Enfants de 13 à 16 ans.

3me groupe : Enfants de 16 à 18 ans.

Il existe des écoles de ce genre à Namur, à Gand, etc.

2me Catégorie. — Invalides, vieillards et infirmes. — Ils sont envoyés dans un hospice situé à Hoogstraeten.

3me Catégorie. — Valides momentanément sans travail. — Ils sont envoyés dans une maison de refuge à Wortel, en vertu d'une décision du juge de paix. Les administrations communales jouissent du pouvoir d'autoriser les indigents à s'y faire admettre (art. 3 de la loi de 1891). Mais les communes font peu usage de ce pouvoir.

A Wortel, les indigents reçoivent un salaire, déduction faite des frais d'entretien. La durée du séjour est variable. Le valide y reste jusqu'à ce qu'il ait pu se constituer un capital suffisant, lui permettant de vivre en attendant qu'il trouve du travail. Il ne peut en aucun cas y être retenu au-delà d'un an (article 18).

4ᵐᵉ Catégorie. — Incorrigibles professionnels. — On les envoie au Dépôt de mendicité à Merxplas. La durée du séjour varie entre 2 et 7 ans.

Ces incorrigibles sont divisés en six groupes, suivant leur perversité :

1ᵉʳ groupe : Immoraux et incendiaires. Ils sont isolés la nuit au moyen de treillages en fer.

2ᵉ groupe : Condamnés à plus de 3 ans.

3ᵉ groupe : Condamnés à moins de 3 ans.

4ᵉ groupe : Jeunes gens de 18 à 20 ans.

5ᵉ groupe : Invalides qui ne le sont pas assez pour être envoyés dans un hospice.

6ᵉ groupe : Amendés. Ils peuvent être proposés pour la libération conditionnelle, avant le temps fixé.

Pour les femmes, il y a un établissement spécial à Bruges : d'un côté se trouve le refuge, de l'autre le dépôt.

La loi de 1891 a donné, en Belgique, un caractère nouveau à la mendicité. Ce n'est plus une contravention comme sous la loi de 1848. Il n'y a plus de condamnations pénales. Il suffit de prendre contre les contrevenants des mesures de police : la mise à la disposition du gouvernement.

La loi reconnaît que la mendicité des personnes qui, à raison de l'âge, de la maladie ou de l'état social, ne parviennent à exercer ou à obtenir un travail quel-

conque, n'est jamais coupable. Au contraire on prend
des mesures de précaution, de répression à l'égard
de ceux qui se révoltent contre la loi du travail.
Depuis 1891 sont coupables « les individus valides
« qui, au lieu de demander au travail leurs moyens
« de subsistance, exploitent la charité comme men-
« diants de profession » (art. 13). La mendicité non
accompagnée des circonstances qui précèdent n'est
jamais coupable.

Le pouvoir judiciaire statue sur les mesures qu'il
y a lieu de prendre à l'égard de ceux qui transgres-
sent les dispositions légales sur la mendicité. C'est le
juge de paix qui est chargé d'opérer le triage fonda-
mental exigé par la loi.

L'arrestation et la comparution du mendiant sont
facultatives (art. 9). Elles sont laissées à l'appréciation des agents de la sécurité publique. Mais le
caractère habituel de la mendicité n'est pas la condition *sine qua non* de la légitimité de l'arrestation.

Le juge doit statuer rapidement sur le sort des
indigents conduits devant lui, et examiner minutieu-
sement leur dossier. Le jugement doit être prononcé
le lendemain du jour de l'arrestation, et ce délai ne
peut être porté à trois jours que si le prévenu y
consent. Le magistrat vérifie l'identité, l'âge et le
genre de vie du prévenu. Il doit même examiner son
état physique et son état mental (art. 12).

Si le juge ne croit pas pouvoir, dans les vingt-
quatre heures, réunir les éléments d'information
suffisants pour se prononcer en connaissance de

cause, et si le prévenu refuse de consentir à la remise de son affaire, le magistrat ou même le ministère public prononcent la mise en liberté provisoire (art. 11).

Le magistrat s'éclaire à l'aide d'un casier judiciaire spécial où on ne mentionne que les condamnations pour vagabondage et mendicité.

Ce casier spécial n'existe que depuis 1893.

Les éléments de sa formation sont cherchés dans le casier judiciaire ordinaire, dans les registres d'entrée et de sortie du dépôt de mendicité ou du refuge, dans les rapports des directeurs des établissements ouverts aux indigents, dans des avis motivés des officiers du ministère public sur les demandes de libération anticipée, dans les renseignements fournis par les Sociétés de Patronage. Il n'est pas délivrable à l'intéressé. Il ne peut être connu que du magistrat.

Le magistrat trouve encore des éléments d'appréciation dans l'interrogatoire du prévenu ; le genre de vie des mendiants suppose des habitudes qui les font connaître par les agents de la sécurité publique.

Le juge de paix à un pouvoir considérable : sa décision est sans appel.

Il existe cependant, d'après M. Pussemier [1], un appel administratif en faveur des mendiants.

Ceux qui sont placés à la disposition du gouvernement sont prévenus le jour de leur entrée à l'établis-

_____

(1) Avocat près la Cour d'appel de Bruxelles.

sement qu'ils ont un mois pour faire appel. S'ils font usage de ce droit, ils adressent une requête avec pièces à l'appui au ministre de la justice. Un bureau spécial est institué au ministère de la justice pour examiner ces requêtes. Si elles sont fondées, le ministre, usant du pouvoir qui lui est conféré par la loi de prononcer la libération anticipée, rend la liberté à l'individu.

Le juge de paix décidant qu'un mendiant est mis à la disposition du gouvernement détermine la catégorie d'établissements dans laquelle cet homme sera reçu. Mais il ne fixe la durée de l'internement que lorsqu'il s'agit des professionnels, des pensionnaires du dépôt de mendicité. « Les hommes internés dans « les maisons de refuge seront mis en liberté quand « leur masse de sortie aura atteint le chiffre fixé par « le ministre de la justice pour les diverses catégories « dans lesquelles ces reclus seront rangés et d'après « le métier qu'ils exercent. » (art. 17.)

Mais parmi les mendiants appelés à comparaître devant le juge de paix, beaucoup peuvent reprendre dans la vie une situation honnête et normale s'ils ont le moyen de rentrer dans leurs villages, s'ils reçoivent une somme minime leur permettant de subvenir pendant deux ou trois jours à leurs besoins et d'attendre le travail qui leur a été promis. Pour ceux-là un juge de paix du premier canton d'Anvers, M. Gallet, essaya les effets du rapatriement, du secours temporaire. Les personnes charitables lui donnèrent les fonds indispensables. La *caisse des magistrats* fut

ainsi fondée. Les résultats furent satisfaisants. Aussi
le maintien de l'œuvre fut-il décidé à Anvers. Aujour-
d'hui, elle fonctionne de la façon suivante : les ressources dont dispose la caisse des magistrats sont
partiellement fournies par les personnes charitables.
Mais il y a des ressources fixes : annuellement le
Comité anversois du Patronage des Libérés met à la
disposition de chaque juge de paix du canton d'Anvers une somme de cent francs.

On prend des précautions destinées à empêcher
que les faux indigents ne viennent abuser des institutions créées en faveur des malheureux. Ainsi le
sans-travail doit indiquer journellement les efforts
qu'il a faits lui-même pour se trouver une situation.
Pour l'homme des campagnes, on procède d'une autre
façon. On écrit aux parents, à la famille, à la municipalité pour annoncer le retour. Les sommes destinées à couvrir les frais du voyage sont confiées au
gardien qui mène l'indigent à la gare. Le billet du
chemin de fer n'est remis à ce dernier qu'à l'instant
précis du départ du train.

C'est là une précaution analogue à celle que nous
voudrions voir introduire en France.

En outre, le bourgmestre de la commune est prié
par le juge d'annoncer si le rapatrié est arrivé à destination.

Généralement les efforts de reclassement sont cou-
ronnés de succès.

Des caisses semblables à celles d'Anvers et fonctionnant de la même façon sont instituées dans pres-

que toutes les grandes villes : Bruxelles, Arlon, Mons.

Régime du dépôt de mendicité et des maisons de refuge. — Le gouvernement organise avec une entière liberté le régime intérieur du dépôt de mendicité et des maisons de refuge. Le législateur a posé les principes suivants : les reclus de l'un et de l'autre établissement pourront être soumis au régime de la séparation ; le travail est obligatoire pour tout reclus valide ; le travail est salarié (art. 6 et 7).

Les reclus ne sont pas tous indistinctement soumis au régime cellulaire. Dans tous les établissements destinés aux indigents, sont soumis au régime cellulaire les hommes dont la fréquentation est moralement dangereuse. Tous les internés sont divisés en diverses catégories. Nous avons vu qu'au dépôt, il y en a six.

L'organisation du travail et le mode de fixation des salaires ont été réglés par l'arrêté royal du 20 janvier 1894.

Tout reclus doit, dans la mesure du possible, être employé au travail pendant la journée entière.

Tout interné qui connaît suffisamment un métier se rapportant à un genre d'industrie organisé dans l'établissement, sera employé aux travaux de ce métier.

On développe le plus possible les ateliers industriels, parce que la majorité des reclus sont originaires des grandes villes où ils retournent à leur sortie. Ils peuvent ainsi apprendre un métier leur permettant de gagner leur vie dans la ville.

Les internés capables de fournir une main-d'œuvre susceptible d'être utilisée dans un des ateliers industriels de l'établissement, sur un chantier de construction, aux travaux d'entretien des bâtiments ou aux services agricoles, seront seuls employés aux services domestiques, aux travaux de culture, de boisement et de terrassements, aux travaux dits de simple occupation, tels que la confection des fagots, le filage des poils de vache, la fabrication de tapis, la confection de chaussons, etc.

Quiconque refuse de travailler est mis au pain et à l'eau, si son état de santé le permet : l'expérience a établi qu'après deux jours de ce régime et même moins, le détenu revenait de lui-même à de meilleurs sentiments. Cette affirmation se trouve consignée dans le « *Rapport des travaux de la troisième section du Congrès d'Anvers* », adressé au garde des sceaux par M. Flandin [1].

Tous les travaux doivent s'exécuter en régie.

Tout travail exécuté par un reclus est salarié.

Le gain journalier ne lui est pas intégralement remis ; il en perçoit un quart pour solder les frais de cantine, le reste sert à former la masse de sortie. Parfois même, le « denier de cantine » est supprimé,

_____

(1) Vice-président au tribunal de la Seine, membre de la Société générale des prisons.

quand la valeur du travail ne suffit pas pour couvrir les frais d'entretien.

Il appartient au ministre de la justice de fixer le tarif des salaires alloués dans les maisons de refuge et dans les dépôts de mendicité. Ce tarif est arrêté sur les propositions des directeurs des établissements. Le prix moyen de la journée de travail est de 0 fr. 50 à la maison de refuge. Au dépôt de mendicité. le salaire varie de 11 à 12 centimes par jour.

Le service religieux est assuré dans tous les établissements. On y rencontre aussi des instituteurs.

Le législateur a voulu éviter toute confusion entre les pensionnaires de la maison de refuge et ceux du dépôt de mendicité. Dans ce but, l'administration est obligée de remettre aux libérés du refuge un certificat constatant leur séjour dans la maison avec, s'il y a lieu, attestation de bonne conduite (art. 20.)

Les reclus du refuge sont libérés le jour où leur masse de sortie a atteint le chiffre fixé par le ministre de la justice. Généralement. on exige que la masse de sortie soit de quinze à vingt francs. On garde les hommes qui règlementairement devraient sortir, mais qui, pour une raison quelconque, ne parviendraient pas à se placer.

Au dépôt, les internés sont libérés le jour où expire le terme pour lequel ils ont été mis à la disposition du gouvernement.

Les libérés ne sont pas abandonnés à leur sortie.

En 1893, une Société de Patronage a été fondée à Bruxelles.

Un groupe spécial composé de douze membres (magistrats ou particuliers) est spécialement chargé de visiter Hoogstraten, Wortel et Merxplas. En outre, dans les centres les plus importants, des sous-comités de correspondants ont été institués pour trouver des placements. Le concours des juges de paix est assuré à la Société.

Le patronage des femmes est organisé à Bruges d'une façon spéciale.

La Société de patronage exerce ses fonctions soit à l'audience même du juge, soit dans les établissements. A l'audience, elle essaie d'empêcher que l'internement ne soit prononcé. Si la mise à la disposition du gouvernement a été ordonnée, le but de l'œuvre est d'empêcher que l'internement ne se prolonge, et d'assurer au jour de la libération le reclassement dans la vie régulière.

Cette Société favorise beaucoup les libérations anticipées.

Comme le pécule de sortie peut être assez considérable, la loi de 1891 statue (art. 6) que les masses de sortie seront délivrées partie en espèces, partie en vêtements et outils.

Frais d'entretien des individus internés. — L'Etat, la province et la commune du domicile de secours supportent chacune à concurrence d'un tiers les frais d'entretien des individus internés en vertu d'une décision judiciaire dans un dépôt de mendicité. S'il s'agit des pensionnaires des maisons de refuge, il y a lieu de distinguer si l'internement a été sollicité par une commune ou décidé par la justice. Dans le premier cas, la commune paye tous les frais d'entretien. Dans le second cas, une nouvelle distinction s'impose. L'indigent est-il valide, l'Etat, la province et la commune payeront respectivement un tiers des dépenses; est-il invalide, la commune seule sera responsable des frais.

Si des individus ne possèdent pas de domicile de secours, les frais qui incombent à cette commune sont supportés par la province sur le territoire de laquelle ces individus ont été arrêtés ou traduits en justice (art. 21, § 2).

Le Roi tranche les questions qui pourraient surgir en matière financière.

La loi du 27 novembre 1891 a enrayé, en Belgique, la mendicité. Voici une statistique qui est faite pour nous convaincre :

Mouvement de la population de Wortel-Merxplas de 1891 à 1896

ANNÉES	POPULATION		ENTRÉES vagabonds et mendiants	INDIVIDUS différents	SORTIES
1891	Au 1er janvier...	4.633	16.571	8.825	16.234
	Au 31 décembre.	4.970			
1892	Au 31 décembre.	5.893	12.232	8.723	11.309
1893	— — .	6.505	7.803	6.660	7.191
1894	— — .	6.833	8.752	7.574	8.424
1895	— — .	7.117	8.439	7.262	8.155
1896	Au 10 décembre.	5.842	7.093	6.162	8.368

Pour comprendre ces chiffres, il ne faut pas oublier que l'internement est de longue durée. Il en résulte que chaque année de nouvelles recrues s'ajoutent à un ancien fonds de détenus, au lieu d'y avoir substitution d'un élément à l'autre et circulation, comme dans nos dépôts de mendicité.

Les mendiants belges eux-mêmes reconnaissent l'efficacité de la loi de 1891. M. Gallet rapportait, au dernier congrès de Paris, un propos qu'ils tiennent souvent : « Avant les lois de M. Le Jeune, disent-« ils, la Belgique était pour nous le paradis ; mainte-« nant, c'est l'enfer. »

CHAPITRE II

Allemagne.

(Code pénal de 1871.)

D'après l'article 361 de ce Code, la mendicité et le vagabondage constituent une simple contravention, dont la répression est confiée à l'Amtsgericht ou tribunal de balliage, présidé par l'Amtsrichter, magistrat dont les fonctions équivalent approximativement à celles de nos juges de paix. Si l'inculpé avoue le fait qui lui est reproché, ce magistrat prononce seul ; si, au contraire, il y a contestation, le juge est assisté de deux échevins ou schœffen, sorte de jurés désignés par une commission de neuf membres que préside un fonctionnaire de l'ordre judiciaire.

La mendicité est punie de l'arrêt (emprisonnement) de un jour à six semaines. L'article 362 ajoute que le mendiant peut subsidiairement être condamné à être remis à sa sortie de prison à l'autorité de police, qui aura le droit de l'enfermer dans une maison de travail forcé pour une durée de six mois à deux ans, si elle estime que l'individu n'a ni moyens de travail suffisants, ni le désir de s'en procurer et qu'il retombera fatalement dans le même délit. Cette peine accessoire peut toujours être prononcée contre le mendiant avec armes ou avec menaces. Elle n'est appliquée en cas de récidive simple qu'à la troisième condamnation subie dans un délai de trois ans.

Du 1ᵉʳ avril 1891 au 31 mars 1892, le président
de police de Berlin a ainsi renvoyé à la maison de
travail de « Rummelsburg » 1391 individus, dont
1208 hommes et 183 femmes. Les vieillards ou infirmes, incapables d'un travail suffisant pour assurer
leur subsistance sont placés dans le quartier des
hospitalisés ; ils s'y livrent à un travail facile, en
rapport avec leurs facultés physiques, et peuvent
prolonger leur séjour autant qu'ils le veulent, au-
delà même du temps fixé par l'ordonnance de renvoi.

Les valides sont dirigés sur le quartier des gens
à corriger et employés à un travail plus sérieux.
Ils sont divisés en quatre catégories :

1° Ceux qui ont un métier pouvant être utilisé
dans la maison sont employés dans les ateliers en
qualité de menuisiers, tailleurs, cordonniers.

2° Le plus grand nombre n'ayant pas de métier,
est dirigé sur les vastes fermes qui servent de
champ d'épandage aux eaux d'égout de Berlin ; ils
cultivent les terres qui en dépendent.

3° Ceux qui sont à la Maison de travail, soit
parce qu'ils attendent l'accomplissement des for-
malités qui précèdent leur libération, soit à titre de
punition parce qu'ils ont donné lieu à quelque
plainte dans les fermes municipales, sont employés
à débiter du bois et fournissent de margotins les
écoles et les hôpitaux de Berlin.

4° Les mieux notés sont employés au service
intérieur de la maison ou de l'asile de nuit municipal.

Quant aux femmes, elles sont réparties entre les travaux de couture et de raccommodage, la cuisine et la buanderie.

On impose une tâche déterminée à celui qui ne travaille pas suffisamment. S'il ne l'accomplit pas dans le temps déterminé, il est mis au pain sec ; si la résistance se prolonge, au cachot. Il paraît qu'en peu de jours les plus récalcitrants se soumettent.

On le voit, la Maison de Travail berlinoise diffère essentiellement de nos dépôts de mendicité.

En premier lieu, on y a réalisé la séparation entre les valides et les invalides. En second lieu, les valides arrivent à « Rummelsburg » en vertu d'une condamnation régulièrement prononcée, qui les soumet à une discipline sévère et permet de leur infliger des punitions rigoureuses. On arrive ainsi à donner la peur du travail aux mendiants professionnels.

Nous avons en France un établissement qui présente de grandes analogies avec la maison de travail de « Rummelsburg » : c'est la maison départementale de Nanterre, autrement dit le Dépôt de mendicité de la Seine. Mais notre établissement n'a pas produit des résultats aussi satisfaisants que celui de Berlin. En effet, sur un total de 642.320 journées de présence, Rummelsburg a donné 187.773 journées de travail, soit 1 sur 3, tandis que sur 1.298.800 journées de présence la maison de Nanterre a produit 213.470 journées de travail, soit 1 sur 6. Cet écart vient de la différence de régime des deux établissements. Tant qu'on mélangera à Nanterre des mendiants libérés de l'article 274 avec des hospitalisés volontaires qui peuvent sortir quand ils veulent, il sera impossible d'obtenir la discipline sévère qui seule peut forcer le paresseux à travailler.

L'initiative privée s'est chargée des moyens préventifs et de l'assistance.

Auberges hospitalières. — On a créé d'abord des auberges hospitalières pour ceux qui ont quelques ressources. Il y a des auberges urbaines et des auberges rurales.

Les auberges urbaines (à Berlin, par exemple) offrent aux ouvriers de la ville un lit à raison de 4 marks par mois ou de 25 pfennings [1] par jour ; les ouvriers de passage peuvent y séjourner trois jours pour une somme fort modique. Ils obtiennent aisément une prolongation. La discipline y est assez rigoureuse : levés à six heures, les hôtes doivent rentrer le soir avant neuf heures et demie. Convoqués à la prière et moralement tenus d'y assister, ils sont renvoyés pour le moindre désordre. Ils ne boivent que fort peu et spécialement aucune eau-de-vie.

Les auberges rurales, et toutes les auberges récentes (car celle de Berlin fut fondée par Wickern dès 1849) gardent leur hôtes, en principe, une nuit seulement. Mais ces hôtes sont toujours des hôtes payants.

On aura l'idée du fonctionnement et de l'utilité

(1) 30 centimes.

qu'offrent ces auberges par la description de l'une
d'elles, située dans la ville de Hambourg. Elle porte
le nom d'*Auberge Sainte-Anne*.

La maison qu'occupe l'auberge comprend trois éta-
ges au-dessus du rez-de-chaussée. Le rez-de-chaussée renferme la cuisine, une grande salle pour les
voyageurs et une chambre pour les hôtes habituels
de l'établissement. Ces deux dernières sont reliées
entre elles par le comptoir du gérant. Dans la salle
des voyageurs, les parois sont couvertes d'affiches
indiquant l'adresse de toutes les corporations ouvriè-
res de la ville, le règlement de l'établissement, et un
grand tableau noir où le gérant inscrit, au fur et à
mesure qu'elles lui parviennent, les demandes d'ouvriers en ville.

Tout voyageur qui arrive peut déposer moyennant
3 pfennings (4 centimes) ses effets au vestiaire et
reçoit un numéro d'ordre. La cloche sonne à 5 heures
et demie en été, et à 6 heures et demie en hiver pour
le lever. Après leur toilette, les voyageurs se rendent
dans la grande salle où on sert à ceux qui le désirent un grand bol de café, légèrement additionné de
lait avec deux petits pains pour le prix de 10 pfennings
(12 centimes). Le repas terminé, le culte du matin
commence. Après l'office, ceux qui désirent aller en
ville pour trouver de l'occupation sortent, tandis que
le plus grand nombre attend, en lisant des livres de
la bibliothèque mis à leur disposition, jusqu'au
moment où les patrons qui ont besoin d'ouvriers
viennent à l'auberge pour les engager.

Le dîner, qui a lieu de 11 heures et demie à midi, coûte 44 centimes. A 6 heures du soir, les nouveaux arrivés sont inscrits et reçoivent un numéro indiquant leur lit.

Toutes les auberges ont des bureaux de placement ou des renseignements leur permettant de placer les hôtes. Là où le travail immédiat manque, on exige de l'assisté quelques heures de travail : c'est le plus sûr moyen d'éloigner les professionnels.

Mais tous les malheureux n'ont pas des ressources et par suite ne peuvent pas aller dans ces auberges. Aussi on a créé depuis 1886 des stations de secours en nature.

Stations de secours en nature. — Elles sont entretenues aux frais des communes d'une certaine importance et sont reliées entre elles. On les trouve tous les quinze ou vingt kilomètres.

Elles offrent aux voyageurs le logement et la nourriture, mais toujours quand cela est possible, contre une certaine quantité de travail.

Nul ne peut être secouru s'il possède encore les ressources nécessaires à son entretien : chacun est averti qu'il peut être poursuivi pour escroquerie, s'il demande un secours sans qu'il en ait besoin. D'autre part, tous ceux qui sont véritablement nécessiteux sont secourus sans conditions.

On évite en général de placer ces stations dans les auberges, la consommation de l'alcool étant sévèrement interdite.

Chaque station de logement possède autant que possible un bureau de placement.

Les Sociétés pour la répression de la mendicité s'imposent l'obligation de fournir, même à titre onéreux, l'ouvrage exigé, comme compensation de l'abri et de la nourriture accordés aux voyageurs, afin de faire servir, de concert avec les communes, ces travaux à l'établissement d'un travail fixe et de préparer ainsi, dans la suite, des secours plus considérables.

Les soins (nourriture et repos) doivent être suffisants pour le travail à effectuer et la marche qui suivra.

Tout refus de travail est généralement impossible, les papiers, le livret de l'hôte ne lui étant rendus qu'après l'accomplissement de sa tâche.

Chaque station de secours délivre un passeport qui permet d'entrer à la station suivante.

Les stations de secours en nature n'ont pas produit tout ce qu'on espérait. Elles avaient, en effet, poussé un peu confusément « par l'effet d'une génération sporadique, en raison des bonnes volontés locales », comme le dit M. Louis Rivière [1]. Elles étaient trop rapprochées sur certains points et faisaient défaut sur d'autres. Beaucoup n'exigeaient pas de travail, ou se contentaient d'un travail illusoire. Enfin on constatait certains faits de négligence

(1) *Bulletin de la Société générale des Prisons,* année 1895 : *Le krack des stations de secours en Prusse.*

et de brutalité. Mais il n'y avait rien dans tout cela
qui tint au principe même de l'œuvre.

Pour remédier à ces abus, il fallait une réglemen-
tation minutieuse et uniforme.

C'est le but qu'on se proposa en fondant l'*Union
centrale des stations de secours allemandes* consti-
tuée à Cassel le 12 janvier 1892. Des circulaires
furent envoyées pour rappeler les principes posés ;
des groupements locaux furent institués sous la
direction de comités provinciaux ayant pour mission
de contrôler et d'unifier l'action des diverses stations.

Mais d'autres difficultés apparurent. Les charges
financières ayant augmenté, beaucoup de cercles
refusèrent tout secours aux stations de leur rayon,
qui furent contraintes de fermer leurs portes. Alors
on invoqua le secours de l'Etat qui ne répondit pas
à l'appel des stations de secours.

Malgré tout, elles semblent se relever de cette
crise, et elles ont amené des résultats qu'on ne saurait
trop faire ressortir.

Le nombre des condamnations pour vagabondage
et mendicité qui était de 23,093 en 1885 est tombé à
13,389 en 1890. Voilà donc près de 10,000 individus
de moins à loger dans des prisons encombrées, où
un court séjour ne pouvait avoir qu'un résultat
déplorable sur la conduite ultérieure.

Enfin pour fixer les mendiants on a créé des colonies agricoles.

Colonies agricoles. — Leur création est de date

récente. La première fut fondée en 1882 par M. le pasteur Bodelschwingh, sous le nom de Wilhelmsdorf, en l'honneur de l'empereur.

Ces colonies sont organisées pour occuper le plus grand nombre possible d'hommes valides sans ouvrage. Le but est d'utiliser tous les bras disponibles. Tout homme valide qui s'y présente volontairement avec le désir de travailler est reçu sans enquête aucune, et quelle que soit sa profession. Il n'y a d'autre condition exigée que la soumission au réglement de la maison.

La colonie de *Küstorf* est la seconde colonie de travailleurs fondée en Allemagne. Elle fut ouverte dans le Hanovre en juin 1883. De vastes terrains stériles ont été mis en culture par des colons qui, après avoir repris l'habitude du travail dans la colonie, ont pu se placer avantageusement.

On peut encore citer parmi ces colonies l'établissement de *Magdebourg*, de fondation récente, colonie mixte ; *Friedrichville*, près de Francfort-sur-l'Oder, colonie exclusivement agricole, etc.

En 1896, il y avait vingt-huit colonies dont vingt-six agricoles.

Ces colonies ne sont pas restées isolées. Chacune d'elles a son comité particulier ; mais elles sont reliées entre elles par un comité central dont le siège est à Wustrau, dans la province de Magdebourg. Ce comité central, formé de deux délégués de chaque colonie, délibère sur les questions d'intérêt général, guide les comités nouveaux fondés en vue de créa-

tions nouvelles, et plaide la cause commune auprès
de l'administration et du public. C'est ce comité qui a
contribué à fixer les principes qui doivent servir de
base aux règlements des colonies, et à bien déterminer leur caractère.

Le caractère général des colonies de travailleurs
résulte du but même qu'elles se proposent : procurer
de l'ouvrage à des hommes inoccupés et dépourvus
de ressources, afin de les empêcher de se livrer à la
mendicité. Le séjour qu'on y fait est complètement
volontaire et ne laisse aucune tache sur la réputation
de celui qui y entre.

Ce ne sont pas des établissements de passage,
mais des colonies où on reste un temps assez prolongé, de façon à pouvoir relever matériellement et
moralement des hommes tombés dans la misère et
qui étaient incapables de se suffire à eux-mêmes. La
durée du séjour est en général d'un mois.

L'organisation et l'administration des colonies sont
confiées à des associations fondées, sans distinction
de culte, pour les circonscriptions d'une province. Ces
associations sont presque toutes reconnues d'utilité
publique et sont dirigées par un comité, sous le contrôle de quelques membres formant un conseil d'administration.

L'administration immédiate de la colonie est sous
la direction d'un comité local auquel est adjoint un
pasteur ou un prêtre catholique, suivant le cas. Un
gérant est nommé par ce comité local pour diriger,
avec l'aide de plusieurs auxiliaires appelés surveil-

lants, les travaux de la colonie, et pour assurer le
bon ordre dans l'établissement.

Tout homme sans ressources, sans travail, mais
désirant travailler, peut être admis sans distinction
de religion, de rang ou d'âge : toutefois, le comité
central a recommandé de n'accepter les colons qui
ont été expulsés d'une colonie pour inconduite, que
si cette dernière y consent.

L'expulsion de la colonie est considérée comme la
plus grande punition qui puisse être prononcée contre
les indignes. Le règlement repousse l'emploi des
moyens violents de répression en usage dans les
maisons de correction.

Le règlement intérieur des colonies n'est pas absolument uniforme ; mais le comité central recommande
celui de Wilhelmsdorf. C'est celui de la plupart des
colonies.

Les pensionnaires ne peuvent pas s'éloigner de la
colonie sans permission. L'usage de l'eau-de-vie est
défendu dans l'établissement.

Les moyens disciplinaires sont la privation de certains avantages accordés, comme l'usage du tabac,
une diminution de nourriture ou de salaire, selon la
conduite ou le travail des colons.

Le principal travail consiste en général dans la culture des terres qui entourent l'établissement. L'hiver,
on occupe les colons à la confection des vêtements,
des chaussures, mais seulement pour les besoins de
la colonie.

Le costume des colons n'est pas uniforme, afin

qu'on ne les confonde pas au dehors de l'établissement avec les détenus.

Ils peuvent gagner outre leur nourriture et leur
logement de 15 à 40 pfennings par jour, soit de 20 à
50 centimes, selon la quantité de travail qu'ils fournissent. La somme gagnée est inscrite à leur crédit
sur leur livret, et sert tout d'abord à couvrir les
frais d'achat de vêtements et d'outils qu'on leur a
fournis.

La sortie du colon peut avoir lieu aussitôt qu'il a
gagné une somme suffisante pour payer ses vêtements et qu'il a trouvé un emploi, soit par l'intermédiaire du bureau de la colonie, soit par lui-même,
lorsqu'étant convenablement vêtu, il peut s'occuper
directement de se trouver de l'occupation.

Quand le colon s'est bien conduit et doit quitter la
colonie sans avoir tout-à-fait acquitté sa dette, l'administration lui fait don des habits et des outils qu'il
a reçus.

Telle est l'organisation des colonies de travailleurs
en Allemagne, et telles sont les règles qui assurent
le bon ordre de ces établissements.

Le nombre de ces colonies est insuffisant pour
recueillir tous les hommes sans travail qui désirent
changer de conduite. Aussi on a songé à fonder de
petites colonies disséminées dans la province. C'est
ainsi que le baillage de Beussel a fondé depuis 1884
une petite colonie, *Karpfenteich*.

Depuis, d'autres colonies de ce genre ont été fondées. Pour éviter de les confondre avec les grandes,

fondées sur le modèle de *Wilhelmsdorf,* on les appelle « *colonies secondaires.* » Les petites colonies sont d'ailleurs dirigées d'après les mêmes règles que les grandes. L'administration en est simplifiée : un simple gérant en a la direction.

Ces colonies secondaires sont un moyen de mettre à moins de frais et plus à la portée des travailleurs l'ouvrage qu'ils ont vainement cherché jusque-là.

Asiles de nuit. — L'Allemagne a aussi des asiles de nuit. Nous dirons quelques mots de l'asile municipal de Berlin.

Il a été construit en 1887 et peut recevoir 3,500 personnes dans la saison rigoureuse. L'établissement se divise en deux sections complètement indépendantes :

1° L'asile des familles, offrant un gîte prolongé aux locataires expulsés faute de paiement;

2° L'asile de nuit pour les gens isolés momentanément sans abri.

Les locaux contiennent en outre :

3° Une station municipale de désinfection.

4° Une infirmerie provisoire pour les malades.

I. *Asile des familles.* — Tout locataire expulsé peut s'adresser soit au bureau des pauvres, soit au bureau de police de son quartier, et en obtenir une carte au moyen de laquelle il est admis dans cet asile. Il y sera logé et nourri, soit seul, soit avec sa famille s'il en a une, pendant un temps qui, en principe, ne doit pas dépasser cinq jours et va souvent en fait jusqu'à douze. Pendant ce temps, il va chercher un logement.

S'il ne cherche pas, ou s'il se fait encore expulser de celui dans lequel on lui aura donné les moyens d'entrer, il est prévenu qu'il sera poursuivi pour vagabondage, et envoyé à la maison de travail de *Rummelsburg*.

Du 1er avril 1891 au 31 mars 1892, l'Asile des familles a reçu 2,201 familles, comprenant 10,469 personnes. La moyenne des présences est de 384.

II. *Asile de nuit*. — Les gens sans abri y sont admis, chaque soir, de quatre heures du soir à deux heures du matin, et toute la nuit pendant les grands froids.

Chacun passe d'abord dans le bureau des entrées pour se faire inscrire. Il doit donner ses nom, prénoms, profession, date et lieu de naissance, communiquer les papiers dont il est porteur.

Pendant la nuit, tous ces noms sont reportés sur des registres où chaque hospitalisé a sa feuille spéciale. On constate quels sont ceux qui ont déjà passé dans l'asile, depuis combien de temps ils ne s'y sont pas présentés. Tout individu suspect d'avoir donné un faux nom est signalé à la police qui a un poste voisin du bureau d'entrée.

Tous ceux qui sont en état de vagabondage ou de mendicité reçoivent une admonition ; on les avertit qu'ils doivent se procurer du travail dans les cinq jours, faute de quoi ils seront dirigés sur *Rummelsburg* ; et on leur fait signer la feuille constatant qu'ils sont prévenus. Ceux qui ont été avertis précédemment, et ne se sont pas mis en règle, sont arrêtés pour être traduits devant l'*Amtsrichter*.

Ce service de contrôle fonctionne d'une façon remarquable, grâce à un accord complet entre la police et l'administration de l'asile.

Il est bien rare qu'un criminel ose se risquer à venir se réfugier à l'asile de nuit.

Du 1ᵉʳ avril 1891 au 31 mars 1892, l'asile de nuit a reçu 334,670 personnes, dont 318,707 hommes et 15,963 femmes.

Sur ce nombre, la police a arrêté........	783
Ont été traduits devant l'*Amtsrichter*.....	8.705
Sont sortis après admonition............	22.020
Ont été dirigés sur un hôpital...........	989
Sont morts à l'asile....................	2
Sont sortis librement..................	302.171
Total.....	334.670

L'organisation que nous venons de décrire a produit, en Allemagne, d'excellents résultats.

CHAPITRE III

Suisse.

En Suisse, comme partout, quand on a voulu résoudre le problème de la répression de la mendicité, on s'est trouvé en présence de deux catégories d'individus :

1° Ceux qui cherchent sérieusement du travail sans réussir à en trouver ;

2° Ceux qui veulent vivre sans rien faire, qui ne cherchent pas du travail ou qui ne le conservent pas.

Aux premiers, il faut procurer du travail ; aux seconds, s'ils mendient, il faut l'imposer.

SECTION I. — DES SOCIÉTÉS POUR RÉPRIMER LA MENDICITÉ.

§ I.— *Des ouvriers d'élite sans ouvrage.* — Dans la première catégorie de gens sans ouvrage, se trouvent des gens très recommandables. Pour eux, on a créé des Associations spéciales qui offrent de les mettre en rapport avec des patrons ou des industriels. Ce sont des Sociétés de placement gratuit.

§ II. — *Des ouvriers moins recommandés.* — Il faut leur procurer également du travail. S'ils le refusent, on aura le droit de les frapper. La Suisse l'a très bien compris, et elle a organisé un système complet de secours. Elle reconnait le droit à l'assistance. Chaque commune doit venir en aide à ses pauvres.

La charité privée, de son côté, a multiplié ses œuvres : des Sociétés d'assistance matérielle et morale pour les ouvriers, des asiles de nuit, des patronages, des sociétés de consommation et des bureaux de placements gratuits. Aussi, on s'est montré impitoyable pour ceux qui veulent absolument vivre sans travailler. La loi les frappe d'une peine légère ; mais une fois qu'elle est exécutée, le professionnel entre dans une maison de travail, où il est interné pendant une ou plusieurs années suivant la gravité du fait. A chaque délit commis, la durée du séjour dans la maison de travail s'augmente et peut aller jusqu'à cinq ans.

§ III. — *Des moyens préventifs dans le canton de Vaud.* — C'est dans ce canton que le système à la fois préventif et répressif de la mendicité est le mieux organisé.

La mendicité professionnelle y est devenue impossible ; dès qu'elle se produit, elle est réprimée.

La ville de Lausanne a, à elle seule, plus de cinquante sociétés philanthropiques ou charitables.

Un grand nombre de sociétés de même nature existent dans la plupart des autres villes du canton.

La ville de Lausanne ne laisse aucun indigent digne d'intérêt sans secours. Outre l'assistance donnée par la commune et par les diverses sociétés de la ville, la charité privée a organisé deux institutions

qui se complètent l'une l'autre. La première est le
« *Bureau central de bienfaisance* » ; la seconde est
la « *Société pour réprimer les abus de la mendicité.* »

Le « *Bureau central de bienfaisance* » a été fondé
pour venir en aide aux personnes nécessiteuses habi-
tant Lausanne depuis au moins un an. Son but est
d'atteindre tous les pauvres qui ne sont pas suffisamment assistés par les autres institutions de la ville,
avec lesquelles le Bureau central est constamment en
rapport.

La « *Société pour réprimer les abus de la mendicité* »
a été créée pour les pauvres de passage dans la ville.
Le but qu'elle se propose est de venir en aide aux
passants qui traversent la ville et de les empêcher d'y
séjourner plus d'un temps déterminé, qui est en
général de vingt-quatre heures. Si l'indigent a l'espoir
de se procurer du travail, le permis de séjour peut
être prolongé d'un jour. Passé ce délai, fixé par le
règlement de police, s'il est trouvé mendiant, il est
arrêté comme vagabond, et envoyé par un jugement
dans une maison d'internement où le travail lui est
imposé.

Le passant indigent reçoit des bons de nourriture
et le logement. Il se trouve ainsi à l'abri de la tentation de mendier dans la ville.

Si des cas de mendicité volontaire se produisent,
ils sont aussitôt réprimés. Les mendiants sont arrêtés, et, après une détention de quelques jours. conduits dans la maison de travail.

Une organisation similaire existe pour la paroisse de Montreux, à l'extrémité Est du canton.

§ IV. — *Des moyens préventifs dans le canton de Genève.* — Il y a la même organisation d'assistance qu'à Lausanne, et le même résultat : suppression de la mendicité.

La seule différence, c'est que le « *Bureau central d'assistance* » réunit les deux Sociétés sous ce double titre : « *Bureau central de bienfaisance* », « *Association pour prévenir les abus de la mendicité.* » Un accord est intervenu entre les diverses sociétés et administrations de bienfaisance à Genève, dans le but d'arriver à un mode d'assistance qui fasse autant que possible disparaître les doubles emplois, et d'obtenir que chaque famille de pauvre ne soit assistée que par une seule main. On remet à toute personne qui s'est mise en rapport avec la Société par une souscription annuelle dont le minimum est de six francs, des bons avec l'adresse du Bureau Central et sur lesquels il suffit d'inscrire le nom de l'indigent. Ce bon a une valeur supérieure à la pièce de monnaie donnée ordinairement, puisqu'il assure pour un jour la nourriture et le logement à celui qui le reçoit. L'indigent digne d'intérêt est ainsi secouru.

Mais ce système offre un double avantage pour celui qui donne le bon : le premier, c'est qu'on ne peut pas en trafiquer puisqu'il porte le nom de l'assisté; le second, c'est que le secours accordé ne sera pas un encouragement à la mendicité, puisque ceux qui se font un métier de mendier ne reçoivent toujours qu'un seul secours, quel que soit le nombre des bons obtenus. Ainsi on vient en aide aux malheureux et on décourage les paresseux.

§ V. — *Des moyens préventifs dans le canton de Neufchâtel.* — Il n'est pas moins pourvu que ceux de Lausanne et de Genève d'institutions propres à combattre le fléau de la mendicité. On est parti de ce double principe que l'indigence honnête mérite la sympathie, mais que la mendicité d'habitude constitue un délit qui doit être sévèrement réprimé et suivi d'un internement prolongé dans une Maison de travail. La loi a consacré cette doctrine.

Société de placement pour les jeunes filles. — Le point de départ des institutions préventives a été comme partout les sociétés de travail et de placement. Elles ont à Neufchâtel reçu une application spéciale.

Le désœuvrement et la misère sont funestes pour la moralité du pauvre. Ils sont surtout à redouter pour la femme. Les jeunes filles pauvres, les domestiques sans place, ont besoin d'une protection spéciale, maternelle pour ainsi dire. C'est l'objet que se propose une institution qui a son siège à Neufchâtel, qui étend son action dans tout le canton, et d'une manière plus générale dans différents pays de l'Europe. Elle a pour titre « *Union internationale des amies de la jeune fille* ». Cette institution a pour but d'assurer un placement gratuit aux jeunes filles qui désirent se placer, soit comme domestiques, soit comme gouvernantes, d'ouvrir pour elles des asiles où elles sont reçues en attendant qu'elles aient une place. C'est là qu'elles trouvent un abri et les conseils affectueux dont elles ont besoin.

Maison de logement pour les hommes. — Il y a pour les hommes une institution semblable. C'est la pension ouvrière organisée d'après les principes des auberges hospitalières en Allemagne. Le prix du coucher est de 50 centimes. La nourriture est aussi à un prix très modique.

Il existe également des sociétés de consommation populaire et des asiles de vieillards.

Sociétés d'assistance libres. — On trouve encore des œuvres d'assistance proprement dites. Il n'y en a pas moins de 72 pour le canton.

Partout où le système que nous venons d'exposer a été pratiqué, la mendicité, si elle n'a pas entièrement disparu, a été considérablement réduite. Elle n'a plus été pratiquée que par les mendiants qui veulent en faire un métier. Mais contre ces incorrigibles, on a recours à un moyen énergique : la maison de répression où le travail est obligatoire.

SECTION II. — MAISONS DE TRAVAIL ET DE CORRECTION
POUR LES MENDIANTS.

§ I. — *Le Devens.* — La maison de répression ou d'internement du canton de Neufchâtel a été fondée sur le territoire de la commune de Saint-Aubin, sous le nom de *Devens*. Le décret de fondation du Devens remonte à l'année 1868. Voici qu'elle en fut l'occasion.

Les communes du canton avaient reçu une indemnité pour l'incorporation des *heimathloses*, c'est-à-dire des gens qui se trouvaient sans patrie, sans lieu d'origine officiellement reconnu. Elles exprimèrent le vœu que « cette indemnité fût con-« sacrée à la fondation et à l'entretien d'une maison « de travail et de correction pour l'amendement de « ceux de leurs ressortissants qu'une vie de désor-« dre a fait tomber, eux et leurs familles, à la charge « des fonds publics de secours. » En conséquence, le Grand Conseil décida la création de la Maison d'internement du Devens.

Il fallait pour cela que le Code pénal du Canton fut modifié. Les articles 90 à 96 C. pén. prononçaient la peine de l'emprisonnement contre les mendiants. Cette peine fut remplacée par celle de l'internement.

La durée de la peine primitivement fixée par le Code, en cas de récidive, était de un à six mois : elle fut étendue d'abord de trois mois à deux ans d'inter-nement. Un décret du 24 mars 1885 augmente encore la durée de l'internement. Il en fixe le minimum à un an, sans augmenter le maximum de la peine qui reste de deux ans, et qui ne peut être appliqué qu'après récidive. Le motif de cette prolongation s'explique facilement. Il fallait que les internés du Devens eussent le temps de prendre des habitudes de travail pour ne pas retomber dans leur ancienne vie, aussitôt après leur sortie.

Les résultats obtenus par la création de la maison du Devens sont satisfaisants.

Au point de vue financier, l'opération est bonne. Les communes auraient dépensé, sans compensation aucune, une somme supérieure pour les mendiants dans les prisons.

Au point de vue social, l'entreprise est excellente. L'Etat de Neufchâtel, au lieu d'encombrer ses prisons de district, s'est trouvé débarrassé du soin d'entretenir les mendiants, tandis que le public lui-même s'est trouvé délivré de leurs importunités et a été mis à l'abri de leurs méfaits.

§ II. — *Colonie agricole de Payerne, dans le canton de Vaud*. — Il a fallu, comme à Neufchâtel, commencer par modifier quelques articles du Code pénal pour transformer la peine de l'emprisonnement en celle de l'internement. Cette modification a été l'objet d'un décret du Grand Conseil du 21 janvier 1875. Mais ici la répression devient immédiatement sévère.

Le décret porte :

Article premier. — Que tout mendiant peut être puni d'un emprisonnement qui n'excèdera pas cinq jours ; mais, en cas de récidive, il sera puni d'une réclusion de trois mois au maximum, ou à l'internement dans une colonie agricole pour un temps qui ne peut être moindre de six mois, ni excéder trois ans. Il peut être privé en outre de ses droits civiques (art. 142 du Code modifié).

Art. 2. — Le tribunal peut de plus prononcer contre le délinquant l'interdiction de fréquenter les établissements destinés à la vente des spiritueux, pour un temps qui n'excèdera pas cinq ans.

Le législateur prononce ici aussi une peine de longue durée contre les délinquants. C'est donc la même doctrine pénale que consacre la législation des deux Cantons.

La pratique seule diffère au point de vue administratif et financier.

Dans le canton de Vaud, c'est l'Etat qui s'est chargé de la fondation de la maison d'internement. La colonie s'est, pour ainsi dire, créée avec les seules ressources de main-d'œuvre des colons.

L'Etat a créé, de la même façon, à Orbe, une succursale de la colonie de Payerne.

Au point de vue financier, l'affaire a été excellente. Les résultats sociaux sont également appréciables.

C'est pourquoi le législateur n'a pas hésité à substituer dans le Code pénal la peine de l'internement à celle de l'emprisonnement pour les mendiants déférés aux tribunaux. En outre, il a autorisé l'admission de ceux qui viendraient d'eux-mêmes chercher un refuge dans la colonie, lorsqu'après leur libération, ils n'auraient pu trouver du travail [1].

§ III. — *Maisons de travail dans le Canton de Berne.* — Elles ont été créées en application de la loi du 11 mai 1884. Cette loi autorise l'internement par

(1) Loi du 17 mai 1876, art. 6, canton de Vaud.

mesure administrative, sur la proposition des conseils communaux, commissions d'écoles, etc., des individus qui s'adonnent à l'oisiveté et qui tombent à la charge de l'assistance publique ou sont une cause de scandale public, etc. L'internement est au minimum de six mois, au maximum de deux ans. Il peut être réduit ou prolongé par l'autorité qui l'a prononcé. On peut y joindre l'interdiction des auberges et le retrait de l'autorité paternelle. La procédure est sommaire, mais elle offre toute garantie contre l'arbitraire.

Les résultats obtenus sont très satisfaisants. Il y a deux maisons de travail, l'une pour hommes à *Anet*, l'autre pour femmes à *Berne*. La surveillance des femmes est confiée à des diaconesses.

Des institutions similaires existent dans les autres cantons.

Le projet de Code fédéral (art. 24) n'abroge pas les lois particulières en notre matière. Il ajoute seulement et par surcroît que « lorsqu'un délit a pour « cause l'inconduite ou la fainéantise d'un délinquant « et lorsque la peine à prononcer ne dépasse pas un « an, le tribunal peut, au lieu de la peine ou accessoi- « rement à la peine, renvoyer les condamnés dans une « maison de travail pour une durée de un à trois ans. »

Grâce au système que nous venons d'examiner, l'étranger qui visite la Suisse peut la traverser dans toutes ses parties sans rencontrer aucun mendiant. Il faut constater, il est vrai, que toutes les mesures d'assistance et de répression ont été mises à exécution avec intelligence et rigueur.

CHAPITRE IV

Angleterre.

(Législation de 1834.)

Jusqu'à Henri VIII, les pauvres vécurent de la bienveillance publique. Les monastères surtout en entretenaient un grand nombre. Ils encourageaient ainsi la mendicité. Au moment de la disparition des monastères, cet inconvénient de nourrir les pauvres se fit sentir partout. Un grand nombre d'ordonnances furent faites sous Henri VIII et ses enfants pour pourvoir à la subsistance des pauvres dont le nombre allait sans cesse croissant. Ces pauvres étaient de deux sortes, nous dit un auteur anglais, Stéphen :

1° Les malades et les invalides ;

2° Les paresseux et robustes, mais non disposés à travailler.

Pour pourvoir à ces deux catégories, Edouard VI fonda trois hôpitaux royaux : « l'*Hôpital du Christ* », « l'*Hôpital Saint-Thomas* » et « *Bridwell* ». Les deux premiers devaient soulager les impotents par maladie ou enfance ; l'hôpital de Bridwell était réservé aux pauvres de la deuxième catégorie.

Ces mesures étaient insuffisantes. D'autres tentatives furent faites, mais sans succès, sous Elisabeth, notamment par le statut 43 (Elisabeth), considéré comme la base de la loi des pauvres actuelle. Des

inspecteurs (overseers) des pauvres étaient nommés
dans chaque paroisse. Les tuteurs de l'église de
chaque paroisse étaient inspecteurs : en outre, deux
ou trois habitants étaient nommés par deux juges de
paix de la paroisse.

Cet acte d'Elisabeth contient deux principes :

1° Chaque pauvre sera ou soulagé ou pourvu de
travail ;

2° Chaque paroisse devra subvenir à l'entretien de
ses pauvres, au moyen de la taxe des pauvres.

Les inspecteurs des paroisses accomplirent mal
leurs fonctions. On prit des mesures pour rendre le
système plus pratique. Sous Georges III parut une
loi, communément appelée *loi Gilbert* (statut 22).

D'après cette loi, toute paroisse était autorisée,
après avoir obtenu le consentement de deux ou trois
propriétaires et de deux juges de paix, à nommer des
gardiens (guardians) pour agir à la place des inspecteurs, et à fonder des associations de paroisses pour
l'entretien des pauvres.

Cette loi fut suivie sous Georges III par la loi
appelée « *The select vestry act* » ou « *loi des fabriques
choisies* ». Dès lors, toute paroisse pouvait donner
l'administration des pauvres à un comité de paroissiens appelé « *Select vestry* » (*Conseil de fabrique*).
Les inspecteurs devaient se conformer aux ordres de
cette assemblée.

Ce système ne donna pas les résultats qu'on en
avait attendus. La création des « select vestry » étant
laissée au choix des paroissiens, le conflit des opi-

nions en empêcha l'adoption générale. Pendant ce temps, les maux résultant de la mauvaise administration des pauvres s'accrurent.

Les deniers paroissiaux étaient fort mal administrés.

Des sommes importantes étaient soustraites aux vrais pauvres en faveur des faux. Ceci stimula à la paresse et au vice dans les basses classes de la société et par suite à l'accroissement du paupérisme.

Ces considérations amenèrent le Parlement, en 1833, à demander la formation de commissions royales pour faire une enquête sur la loi des pauvres. De ces études sortit la loi importante de 1834, rendue sous Guillaume IV, et connue sous le nom de « *The Poor Law Amendment act* », base du système actuel.

D'après cette loi, l'administration générale des pauvres et des fonds pour les soulager était mise pendant une période limitée sous la surveillance et le contrôle des « Commissaires de la loi des Pauvres ».

Ils pouvaient faire des règlements opportuns pour diriger les différentes autorités paroissiales ; ils étaient secondés par des aides-commissaires.

Cette commission fut abolie en 1847 et remplacée par le « *Comité sur la loi des Pauvres (Poor Law Board)* ».

Tous les pouvoirs des anciens commissaires sont maintenant donnés au « *Comité de gouvernement local* » établi en 1871 par les statuts 34 et 35 (Victoria).

Ce Comité a un président nommé par Sa Majesté, tenant son office par le bon plaisir de la reine, et

11

ayant comme membres honoraires, le lord président
du Conseil privé, tous les secrétaires d'Etat, le lord
du sceau privé, et le chancelier de l'Echiquier.

Toutes les lois générales sur les pauvres, terme
qui s'applique à tout règlement affectant plus d'une
Union, doivent être sous le sceau de ce comité.

Toutes les décisions peuvent être annulées par
le Conseil de la Reine. Ce Comité doit en outre une
fois par an soumettre aux deux Chambres du Parlement un rapport général des recettes. Il peut
ordonner, quand il le juge convenable, que le soulagement des pauvres d'une paroisse soit confié à
un comité de gardiens, élu par des propriétaires
et des contribuables de cette paroisse, comme
l'indique la loi des pauvres.

Un certain nombre d'inspecteurs sont aussi
nommés pour la visite des *workhouses*, et pour
assister aux séances de l'Administration des
pauvres ; ils assistent également à toute réunion
ayant pour objet le soulagement des pauvres.

De plus, non seulement les paroisses ne doivent
plus être unies d'après la loi Gilbert sans le consentement préalable du Comité, mais encore ce
Comité a le pouvoir général de fondre en une Union
deux ou plusieurs paroisses, sous la direction d'un
seul comité d'administration, élu par les propriétaires et les contribuables de chaque paroisse.
Chacune de ces Unions doit avoir un workhouse
commun, ayant une caisse commune à laquelle
chaque paroisse doit contribuer.

Pour la distribution des secours, on établit une distinction entre les pauvres domiciliés et les pauvres casuels. Les premiers ont le droit d'être secourus dans une paroisse s'ils y ont un domicile.

Les pauvres casuels sont ceux qui n'ont pas leur domicile dans la paroisse où ils se trouvent : cette paroisse ne leur doit pas de secours, en principe.

Les administrateurs ne sont pas obligés de secourir un pauvre s'ils peuvent trouver quelqu'un (père, mère, mari) capable de lui fournir la pension alimentaire. Si ceux qui sont chargés par le juge de subvenir aux besoins d'un pauvre de leur famille ne le font pas, ces sommes sont recouvrées par saisie, sinon ils sont emprisonnés.

Une loi de Georges Ier dit que, lorsque quelqu'un quitte sa résidence et laisse sa femme et ses enfants dans le besoin, on saisit ses propriétés après avis de deux juges de paix. Si cet arrêt est confirmé, on emploie le produit de ces propriétés à soutenir la femme et les enfants.

Une loi de Georges IV décide que, tout individu capable de se subvenir et qui néglige de le faire, sera considéré comme oisif, et pourra être emprisonné pour un mois au plus avec *hard-labour* (travail dur).

Par la même loi, la désertion d'une famille est plus sévèrement punie ; car le fugitif, laissant sa femme et ses enfants, est considéré comme coquin et vagabond et condamné à trois mois de prison au maximum.

S'il n'y a pas de parents à qui on puisse avoir

recours, les pauvres domiciliés doivent être secourus par les autorités locales.

En ce qui concerne les pauvres casuels, ils peuvent être déplacés, et ils ont droit aux secours, jusqu'à ce que ce déplacement soit effectué.

Si le pauvre n'a pas de domicile connu et qu'il reste dans la paroisse où il se trouve, il a droit aux secours au même titre qu'un pauvre domicilié.

Par application de ces principes, on a donné à la maison des pauvres elle-même où l'assistance est accordée le nom de maison de travail et on a créé le *workhouse*.

Workhouses. — Chaque workhouse est administré par un directeur, qui est en même temps officier de l'état civil, car il enregistre les décès et les naissances. Ce directeur est choisi par un bureau d'administrateurs élus dans chaque paroisse par les propriétaires qui contribuent à la taxe des pauvres : il gère l'établissement sous le contrôle du bureau.

Il a pour aide une matrone qui le supplée au besoin et sous la direction de laquelle est placé le quartier des femmes.

Un chapelain, un instituteur et une institutrice, une nourrice pour les nouveau-nés, sont attachés à chaque workhouse. Tous ces établissements sont placés sous la surveillance du Comité de la loi des Pauvres, qui constitue à Londres une sorte de ministère spécial.

Le workhouse reçoit le pauvre qui se trouve d'une

manière permanente dans l'impossibilité de se suffire, aussi bien que celui qui se trouve dans une détresse momentanée. Il admet des familles entières et des individus isolés. Le séjour peut se prolonger plusieurs mois si cela est reconnu nécessaire, ou ne durer qu'une nuit.

L'établissement est en conséquence divisé en deux parties, l'une affectée aux pauvres admis pour un séjour d'une certaine durée, l'autre destinée aux hôtes passagers, les casuels. les wagrants. comme les appelle la loi anglaise.

Quiconque veut être admis commé pensionnaire dans le workhouse doit en faire la demande. Son admission définitive est prononcée par le conseil des administrateurs (the guardians), à chacune de ses réunions. Dans l'intervalle des séances, c'est le distributeur des secours (the relieving officer) qui accorde une admission temporaire ; à son défaut, c'est un inspecteur qui la donne ; à défaut de l'inspecteur, c'est le directeur du workhouse lui-même (the master) qui admet ; à défaut du directeur, c'est la dame surveillante (the matron) et à défaut de cette dernière, c'est le concierge de l'établissement (the porter) qui, en cas d'urgence, admet le postulant. L'admission n'est que provisoire, mais elle a lieu sur le champ, afin qu'aucun malheureux ne soit laissé dans la rue sans secours.

Il peut arriver qu'il n'y ait pas de place dans le workhouse. La loi a prévu ce cas. Le pauvre n'est pas repoussé. On commence par inscrire son nom sur un registre spécial, et en attendant qu'il y ait de la place, le distributeur des secours doit, avant la nuit, lui procurer dans la ville un logis aux frais de l'établissement.

Outre ces secours donnés dans le workhouse, la loi impose aux paroisses l'obligation des secours à domicile. Les familles nécessiteuses qui n'ont besoin que d'une assistance légère sont aidées, après enquête, par l'administration du workhouse.

Dès lors, aucune excuse légitime n'est laissée à la mendicité. C'est ce qui explique une répression sévère.

Mais on pourrait croire que le législateur anglais encourage la fraude et la paresse. Il n'en est rien.

Tout pauvre admis au workhouse est fouillé avec soin à son entrée. Si on lui trouve de l'argent, il sert à défrayer l'établissement ; s'il y a un reliquat, il lui est remis à sa sortie. En outre, une enquête est toujours faite au dehors, excepté quand il s'agit de passagers qui sont reçus pour une ou plusieurs nuits. Ceux-ci sont astreints le lendemain à une quantité de travail déterminée, destinée à indemniser la maison. Ce travail consiste pour les hommes à casser des pierres, à éplucher de l'étoupe, à puiser de l'eau ou à couper du bois, tout ouvrage qu'un homme valide peut faire. Les femmes épluchent aussi de l'étoupe, ou sont employées à laver pendant quelques heures.

Le séjour dans le workhouse est entièrement libre. Il peut se prolonger pendant six mois : passé ce temps, la permission peut être renouvelée ; elle peut l'être indéfiniment. Des permissions sont accordées pour aller chercher de l'ouvrage ou voir des parents.

Le directeur n'a pas le droit de renvoyer un pauvre contre sa volonté. C'est le conseil d'administration qui prononce l'exclusion.

On le voit, tout prétexte est ôté à celui qui est tenté de mendier. En même temps, toutes les mesures sont prises pour combattre la paresse et empêcher le pauvre de céder à la tentation de vivre aux dépens de la charité publique.

L'obligation du travail est imposée dans le workhouse à toute personne valide. En outre, le régime de la maison est sévère ; l'ordre le plus rigoureux est prescrit et la nourriture, strictement suffisante, y est réduite au nécessaire.

Aussi, lorsqu'on offre à un pauvre d'entrer dans le workhouse, neuf fois sur dix il refuse : il ne s'y décide que contraint par une impérieuse nécessité.

Pour les ouvriers qui courent pour chercher du travail, on a établi le système suivant. Ils sont hospitalisés une nuit au workhouse. Le lendemain, ils reçoivent une feuille de route (way-ticket) qui leur permet d'être admis au workhouse suivant, et ainsi de suite.

Il existait en 1881 en Angleterre, 700 workhouses environ, pouvant recevoir, par établissement, de 50 à 3,000 internés.

Enfants mendiants. — Les enfants mendiants âgés de quatorze ans au plus sont envoyés depuis 1866 dans les écoles industrielles. Ces écoles comprennent d'autres éléments qui forment ce qu'on appelle les *arabes des rues*. On trouve, en effet, dans ces écoles :

1° Les vagabonds et les mendiants âgés de 14 ans au plus ;

2° Les abandonnés et les orphelins ;

3° Les enfants sans tutelle convenable ;

4° Les enfants dont les parents sont en prison ;

5° Ceux qui méconnaissent l'autorité paternelle ;

6° Ceux qui se montrent insoumis dans les écoles des workhouses ;

7° Les jeunes délinquants au-dessous de 12 ans qui ont commis quelque infraction passible de l'emprisonnement, sans avoir subi auparavant aucune condamnation.

La procédure qui fait entrer l'enfant dans cette école est expéditive et le pouvoir du juge est considérable. L'acte législatif de 1866 reconnaît aux magistrats qui constituent la juridiction sommaire, le droit d'ordonner que tous ces enfants seront détenus pendant un temps déterminé dans une école industrielle.

Aux termes de ce même acte, toute personne a le droit de conduire un enfant devant le magistrat.

Des associations se sont fondées, dont les agents appelés *bedeaux des enfants*, les ramassent dans les rues, pour les amener devant le magistrat et de là à l'école industrielle.

Ces écoles industrielles ont éprouvé dans le cours de leur existence quelques écueils. Elles présentent un vice capital. Il y a, en effet, un pêle-mêle de différentes catégories d'enfants sans distinction spéciale pour aucune. Cependant le but pour lequel elles ont été créées a été en partie atteint : les *arabes des rues*, qui comprennent les enfants mendiants, sont moins nombreux aujourd'hui sur le pavé de Londres.

Le système anglais est plus logique que le nôtre. Pour avoir le droit de frapper un malheureux qui n'est que malheureux, il faut avoir mis à sa disposition les secours dont il a besoin ; il n'est coupable que s'il les refuse, pour se soustraire à l'obligation que ce secours accepté entraîne.

CHAPITRE V

Hollande.

(Code pénal de 1881).

Les dispositions prises par le Code pénal hollandais à l'égard des mendiants sont de deux sortes : les unes sont d'ordre répressif, les autres d'ordre préventif.

La mendicité n'est pas un délit. Lorsqu'elle se produit en public, elle constitue une contravention et est punie de douze jours de détention [1] au plus (art. 432), de trois mois au plus quand elle a lieu en réunion (art. 433), enfin d'un tiers en plus quand il y a récidive. Dans ce dernier cas, le coupable, s'il est en état de travailler, peut être condamné à être placé dans un établissement de travail de l'Etat pour trois ans au plus (art. 434).

Cette peine accessoire complète la répression prononcée préalablement et prévient dans la mesure du possible la rechute du condamné. Elle permet de lui apprendre un métier, de lui donner des habitudes de

---

(1) La détention est une simple privation de liberté. Elle est subie dans des établissements spéciaux, et ne s'exécute pas dans l'isolement. Le détenu est libre de choisir son travail et de disposer du produit de ce travail. Le bénéfice de la libération conditionnelle n'est pas applicable à la détention.

travail, de lui constituer un pécule pour le moment de sa libération.

Les maisons de travail de l'Etat sont installées en Hollande sur la frontière des provinces de Drenthe et d'Overyssel, à *Ommerschans* et à *Veenhuizen*. Elles possèdent un détachement de police armée et de nombreuses cellules où sont mis au pain et à l'eau les colons récalcitrants.

Le grand établissement central d'Ommerschans occupe une superficie de 1,500 acres [1], divisé en forêts, prairies et jardins. Sa population de 800 hommes est employée soit à la culture, soit à différentes industries (filage, vannerie, etc.).

La colonie de Veenhuizen est encore plus vaste. Elle couvre une superficie de 3,000 acres et renferme 1,500 mendiants employés également à la culture et au travail manuel. Ils sont répartis en trois classes : l'une des classes est composée de femmes. Cette colonie reçoit les détenus du pénitencier d'Ommerschans qui se sont distingués par leur bonne conduite et leur application au travail.

Les colons se réunissent pour le repas dans de grandes salles situées sous les ateliers, et la nuit, ils dorment dans des hamacs suspendus au plafond.

A côté de ces établissements pénitentiaires officiels de l'Etat, l'initiative individuelle a créé des « *maisons de pauvres* » destinées à recueillir à

_____

(1) Mesure de superficie qui a beaucoup varié. En Angleterre, elle vaut 40 ares environ.

soutenir, non plus les mendiants condamnés, mais
les mendiants exposés à l'être et qui viennent
volontairement leur demander un refuge. Ces
maisons ne sont en principe ouvertes qu'à ceux
qu'on peut secourir efficacement à domicile. On
les retient dans leur milieu, dans leur demeure,
aussi longtemps que possible. Les indigents recueillis par elles peuvent se diviser en deux catégories :
ceux que n'a jamais atteints aucune condamnation ; ceux qui, précédemment condamnés et
libérés, viennent d'eux-mêmes chercher un abri.
A cette dernière catégorie s'appliquent plus spécialement les trois grandes colonies fondées en 1818 à
Fréderiksoord, *Willemsoord* et *Wilhelminasoord*
par la « *Société de bienfaisance* ».

Elles recueillent néanmoins un certain nombre
d'orphelins et de pauvres. Jusqu'en 1859, elles
recevaient même les mendiants et les vagabonds
libérés que l'Etat lui envoyait, et à ce titre recevaient
une subvention officielle. Depuis cette date, elles
se sont soutenues par les seuls efforts de la charité
privée, unis aux produits d'une main-d'œuvre de
1.800 colons volontaires qui cultivent 8.000 hectares
de terre et exercent de nombreuses industries.

Grâce à ces efforts, la Hollande a réussi à prévenir
le fléau de la mendicité. Cette contravention est
devenue extrèmement rare dans les villes. Ce n'est
guère que dans la campagne qu'on rencontre des
mendiants.

CHAPITRE VI

Italie.

(Code pénal du 30 juin 1889) [1].

D'après le nouveau Code pénal, la mendicité devient, comme en Hollande, une simple contravention, et le dépôt de mendicité (ricovero) devient une institution purement préventive.

La peine de l'arrêt, sanction de la contravention de la mendicité illicite, peut être subie, soit dans une maison de travail, soit au moyen d'une prestation dans des travaux d'utilité publique. (Art. 455).

Quiconque, étant en état de travailler, est surpris mendiant, encourt les arrêts pour cinq jours au plus, et en cas de récidive, pour un mois au plus ; les mêmes peines sont appliquées à celui qui, étant hors d'état de travailler, mendie sans avoir observé les prescriptions de la loi. La contravention n'est pas écartée par le fait que le coupable mendie en alléguant ou feignant des services rendus aux personnes, ou la vente d'objets (art. 453). Quiconque mendie d'une manière menaçante, vexatoire ou inconvenante, encourt les arrêts pour un mois au plus, et, en cas de récidive pour un à six mois (art. 454).

Quiconque permet qu'une personne mineure de

(1) Ce Code est en vigueur depuis le 1er janvier 1890.

14 ans soumise à sa puissance ou confiée à sa garde ou à sa surveillance, aille mendier, ou qu'un autre se serve d'elle pour mendier, encourt les arrêts pour deux mois au plus et une amende pouvant atteindre 300 lires [1] ; en cas de récidive, l'arrêt est de deux à quatre mois (art. 456)

Les asiles ou dépôts de mendicité dépendent du Ministère de l'Intérieur, et non de l'administration des prisons. Ils étaient en 1893 de 300 et pouvaient contenir 35.000 individus. Ils possédaient ensemble une rente de 15 millions de francs.

Quant aux résultats moraux et financiers de ces établissements, il y a peu à dire. On n'y trouve que des vieillards et des estropiés à peine capables de quelques services manuels dans l'établissement : on les gouverne facilement, en raison même de leur impuissance physique ; on les domine par la menace d'expulsion, s'ils ne sont pas strictement soumis aux règles disciplinaires de la maison.

(1) *Lire*, monnaie d'Italie équivalent au franc.

QUATRIÈME PARTIE

PROJETS DE RÉFORMES

PROJETS DE RÉFORMES

Nous venons de voir ce qu'ont fait les autres pays en matière de répression de la mendicité. Examinons maintenant ce qu'on a voulu faire en France. Nous allons constater que les législateurs français proposent l'introduction, chez nous , de certaines institutions qui fonctionnent si bien dans nos pays voisins. Nous nous contenterons de les mentionner, puisque nous les connaissons déjà. Voyons d'abord le projet de révision du Code pénal.

SECTION I. — PROJET DE RÉVISION DU CODE PÉNAL

Le projet de révision du Code pénal comporte un projet spécial relatif au vagabondage et à la mendicité. Ce dernier projet s'inspire dans ses traits essentiels de la loi belge du 27 novembre 1891.

Le projet spécial distingue nettement ce qui est du domaine de l'assistance et ce qui est du domaine de la répression.

Le titre Ier s'occupe des hospices et des refuges pour les personnes incapables de travailler.

Il prévoit l'ouverture des refuges avec travail obligatoire. Des discussions se sont élevées à ce sujet. Le projet préconise la fondation de refuges par les communes, mais il fait aussi appel au dévouement des particuliers.

Le titre II s'occupe de la répression. Partant de

12

l'idée qu'il importe d'éviter un sentimentalisme dangereux, et que la charité à l'égard du malheureux se concilie parfaitement avec la sévérité à l'égard du mendiant invétéré, les auteurs du projet ont augmenté fortement les peines, surtout en cas de récidive.

La peine ordinaire est de trois mois à six mois de détention ; pour une première récidive, de six mois à deux ans, et pour une deuxième récidive, de deux ans à quatre ans.

Des discussions se sont élevées sur les tribunaux chargés d'appliquer ces peines. On a proposé d'attribuer compétence, comme en Belgique, aux juges de paix. Mais en France, on se méfie des juges de paix. Aussi la commission a proposé le maintien de la juridiction des tribunaux correctionnels.

Le projet renferme des dispositions spéciales, tendant à réprimer la mendicité exercée par l'intermédiaire d'enfants et la mendicité avec simulation de plaies.

Quant à la peine, un système mixte a été adopté : stage cellulaire d'abord, puis internement dans des établissements de travail en France et aux colonies. Ce système est fondé sur la peur qu'inspire la prison cellulaire aux mendiants.

SECTION II. — PROPOSITION DIVERSES

§ I. *Proposition de M. Michelin.* — M. Michelin a présenté à la Chambre des députés, le 23 octobre 1894, une proposition à laquelle on n'a pas donné suite. Elle avait pour objet d'assurer aux nécessiteux des secours immédiats et de favoriser l'assistance par le travail.

§ II. *Proposition de M. Maurice Faure.* — Le député M. Maurice Faure déposa , le 4 décembre 1893 , une proposition tendant à la création d'asiles pour les invalides du travail et de maisons, dites de travail, pour les travailleurs valides sans ouvrage. Il existe, en Allemagne, des stations ou colonies de travail analogues aux établissements que propose M. Faure. Cette proposition a été également abandonnée.

§ III . *Propositions de MM. Emile Rey et Lachièse.* — En vue de prévenir la mendicité, ils ont déposé en 1895[1] un projet relatif à l'assistance des vieillards et des infirmes. Ce projet n'ayant pas été suivi d'effet, ils ont déposé une autre proposition le 2 février 1899[2]. Le même jour, cette proposition a été renvoyée à la commission de l'assurance et de la prévoyance sociales.

SECTION III. — PROPOSITIONS DE M. G. BERRY

M. Georges Berry s'occupe beaucoup de la question de la mendicité. Comme membre du Conseil municipal, il a fait établir, par la ville de Paris, la colonie agricole de la Chalmelle.

(1) *Journal Officiel.* Chambre (1895). Débats parlementaires, page 232.

(2) *Journal Officiel* du 3 février 1899.

Le 16 janvier 1894, il a déposé à la Chambre des députés une proposition de loi tendant à la suppression de la mendicité. Le système qu'il propose est basé sur le double principe de l'assistance et de la répression.

Les communes sont engagées à créer des ateliers où les citoyens sans ouvrage pourront trouver du travail ; car, pour pouvoir punir le mendiant, il faut organiser les mesures de prévention. Cette idée n'est pas nouvelle ; la législation française a toujours compris ainsi la répression de la mendicité. Il faut seulement mettre cette idée en pratique, en multipliant les asiles destinés à recevoir les indigents.

Pour ce qui concerne la répression, M. G. Berry ne voit pas dans les mendiants des malfaiteurs à punir, mais des égarés à remettre dans le droit chemin, et des malades à guérir. Selon lui, la mendicité doit être assimilée à une contravention. S'inspirant du système pratiqué en Belgique, il confère aux juges de paix le pouvoir de condamner les mendiants à l'internement dans une colonie de travail pour un laps de temps variant entre un mois et cinq ans.

L'autorité administrative est ainsi dépossédée du pouvoir qui lui était réservé par le Code pénal de renfermer les mendiants dans des établissements destinés à les relever. C'est à l'autorité judiciaire, « gardienne de la liberté individuelle » que M. Georges Berry confère de prononcer le placement d'office d'un indigent. La proposition a été prise en considération le 12 mars 1894[1] et renvoyée à l'examen d'une commission.

Cette commission a présenté divers rapports, notamment les 12 mars, 1er décembre 1894, mais la proposition n'a jamais abouti.

M. Georges Berry a déposé le 8 février 1895 une proposition de loi sur l'assistance par le travail. Cette proposition ayant été oubliée, il en a déposé une autre le 24 janvier 1899[2] : elle a été renvoyée le même jour à la commission d'assurance et de prévoyance sociales.

SECTION IV. — PROPOSITION DE M. CRUPPI.

M. Cruppi, député de la Haute-Garonne, ancien avocat général à la Cour de cassation, a déposé le 24 janvier 1899, une proposition de loi qui mérite de fixer l'attention. Elle est relative aux « moyens d'as-« sistance et de coercition propres à prévenir ou à « réprimer le vagabondage et la mendicité[3] ».

Assistance et coercition, tels sont les deux termes qui donnent au projet son caractère.

L'auteur divise les mendiants et les vagabonds en trois catégories. La première comprend les infirmes et les invalides ; la seconde, les malheureux momentanément sans travail, victimes de chômages ou de

---

(1) *Journal Officiel* (1894). Débats parlementaires, page 492.

(2) *Journal Officiel* du 25 janvier 1899.

(3) *Journal Officiel*. Chambre des députés. Annexe à la séance du 25 janvier 1899.

crises industrielles, se livrant accidentellement au vagabondage ou à la mendicité ; la troisième catégorie est celle des gens valides, aptes au travail, pour qui le vagabondage et la mendicité est une carrière : ce sont les professionnels.

Pour la première catégorie, le projet est compatissant et secourable ; pour la seconde, il est préventif ; pour la troisième, il est répressif et rigoureux. Voilà l'idée générale du projet ; entrons dans quelques détails.

Le mendiant (ou le vagabond) arrêté sur une grande route (et M. Cruppi charge de leur surveillance non seulement la gendarmerie et la police, mais encore les gardes forestiers, les douaniers et jusqu'aux cantonniers), ce mendiant ou ce vagabond sera conduit devant le juge de paix du canton [1] qui l'interrogera, l'examinera et décidera s'il est ou non apte au travail, c'est-à-dire valide.

S'il est invalide, il sera dirigé sur une maison de refuge qu'aux termes de l'article 9 du projet chaque département sera tenu d'avoir pour y retenir les infirmes incapables de travailler et dénués de moyens d'existence suffisants.

Si le département hésite à fonder un pareil établissement, il pourra traiter avec un hospice public ou privé. Le département aurait d'ailleurs un recours contre la famille du domicile de secours, suivant un tarif fixé par le Conseil général, pour les dépenses

[1] C'est le système de la loi belge du 27 novembre 1891.

faites dans l'intérêt de la personne entretenue. Le
département et les communes seraient en outre
subrogés de plein droit, pour le recouvrement de
ces dépenses, aux créances alimentaires qui peuvent
appartenir à ces personnes.

Si le mendiant est reconnu valide, apte au travail,
il sera conduit devant le Procureur de la République.
Là, s'il s'agit d'un mendiant ou d'un vagabond privé
accidentellement de travail, il sera dirigé sur un établissement prévu par l'article 10 qui le définit ainsi :
« Dans le but d'obvier au vagabondage ou à la men-
« dicité, chaque département est tenu d'ouvrir un
« établissement destiné à recevoir les personnes vali-
« des dénuées pour le moment de moyens d'exis-
« tence suffisants et dans lequel le travail sera immé-
« diatement obligatoire. Les communes sont autori-
« sées à subventionner ces établissements de travail.
« Les départements et les communes peuvent trai-
« ter avec des établissements privés, autant que pos-
« sible agricoles. »

Pour ce qui concerne les professionnels, M. Cruppi
accentue les pénalités anciennes et crée de nouveaux
cas de poursuites. C'est ainsi que l'emprisonnement
peut, en cas de récidive dans les trois ans, être porté
à cinq ans. Tout mendiant (ou vagabond) qui sera
trouvé porteur d'une valeur de plus de cent francs
et qui ne justifiera pas de sa provenance, sera puni
d'un emprisonnement de six mois à deux ans.

Tout mendiant (ou vagabond) qui aura exercé ou
tenté d'exercer un acte quelconque de violence

envers les personnes sera puni de deux à cinq ans d'emprisonnement.

La proposition de loi de M. Cruppi a été renvoyée le 24 janvier 1899 à la commission de législation criminelle.

Espérons [1] que cette proposition, qui fait honneur à son auteur, sera votée. Nos législateurs finiront par s'apercevoir, sans doute, qu'ils perdent un temps précieux dans des interpellations souvent oiseuses. Ils songeront qu'il y a dans la société des malheureux exploités par des paresseux de profession, et que ces malheureux demandent à être soulagés.

(1) D'après M. Louis Rivière, membre du Conseil de la Société générale des Prisons, il y a tout lieu d'espérer que la proposition de loi de M. Cruppi viendra en discussion à la Chambre en novembre. (*Revue pénitentiaire*, avril 1899, page 581.)

CONCLUSION

En prononçant l'interdiction de la mendicité, notre but n'a pas été de nier le fait, malheureusement trop fréquent et trop répandu, de l'existence des pauvres.

Nous n'avons eu en vue que de combattre et d'atteindre les mendiants de profession, ces hommes qui, spéculant sur la bienveillance, et plus souvent sur la crédulité des personnes charitables, ont érigé la mendicité en industrie plus lucrative que ne l'est dans certaines conditions, pour de braves ouvriers, l'exercice d'un travail honnête et soutenu.

Quant aux pauvres véritablement indigents et laborieux, quant à ceux que des malheurs, des revers et des maladies mettent aux prises avec le besoin, nous avons voulu qu'ils pussent recevoir des secours.

Aussi, avant de prononcer l'interdiction de la mendicité, nous avons proposé d'organiser l'assistance à leur profit, en concentrant sur leurs misères les ressources que les mendiants de profession prélevaient par leur importunité, souvent même par leur habileté, sur la bienfaisance des personnes charitables.

Mais pour arriver aux résultats que nous souhaitons, il faut modifier nos idées et notre législation

sur la mendicité. Nous avons montré, en effet, les
vices de nos dépôts de mendicité, les conséquences
fâcheuses auxquelles on arrive avec la loi actuelle,
les dangers qu'il y a à faire l'aumône dans la rue. A
ces maux, nous avons proposé des remèdes : suppression de l'aumône dans la rue, remplacement de
la pièce de deux sous ou du morceau de pain par des
bons personnels, organisation de l'assistance par le
travail, modification des articles 274 et suivants du
Code pénal, création d'une caisse centrale des Sociétés de charité privée pour empêcher le cumul dans
l'allocation des secours, emprisonnement en cellule
des mendiants professionnels.

Quand nous aurons fait cela, nous tiendrons une
place honorable parmi les autres peuples au point de
vue de la répression de la mendicité. Car, pour le
moment, nous sommes dans un rang inférieur. Rap-
pelons-nous, en effet, ces organisations si ingénieu-
ses et si pratiques qui existent en Belgique, en Allemagne, en Suisse, etc.; et considérons les résultats
satisfaisants auxquels sont arrivés ces pays, la Belgique, par exemple, qui est un enfer pour les mendiants, depuis la loi de 1891.

Les institutions de ces pays sont reconnues tellement
pratiques que nos législateurs actuels en demandent
l'introduction chez nous.

Nous estimons qu'on pourra arriver en France à
d'excellents résultats ; car la charité privée donne
beaucoup de ressources. Dès lors, quand on aura
bouché la fuite qui se produit actuellement, fuite qui

est représentée par les faux pauvres, les vrais misérables seront secourus, et le nombre des mendiants se trouvera considérablement diminué.

Et qu'on ne nous dise pas : Vous manquez de cœur, vous allez tarir la source de la charité privée; « vous « conseillez aux bourgeois de garder leurs sous », pour employer l'expression de certains journaux. A ceux qui nous feraient ces reproches, nous répondrions : Nous n'avons jamais dit : « Ne donnez pas »; mais nous avons dit, avec M. Paulian : « Donnez, « donnez beaucoup, donnez le plus possible, mais don- « nez avec intelligence, de façon à ce que votre obole « aille véritablement aux malheureux. »

Vu :

Le Président de la thèse,

Georges VIDAL.

Vu : Le Doyen de la Faculté de Droit,

J. PAGET.

Vu et permis d'imprimer :

Toulouse, le 27 mai 1899.

Le Recteur,
Président du Conseil de l'Université,

PERROUD.

TABLE DES MATIÈRES

— 182 —

DEUXIÈME PARTIE

Moyens de combattre la Mendicité

TROISIÈME PARTIE

Législations étrangères

Toulouse. Imp. MARQUÈS et Cie, boulevard de Strasbourg, 22.

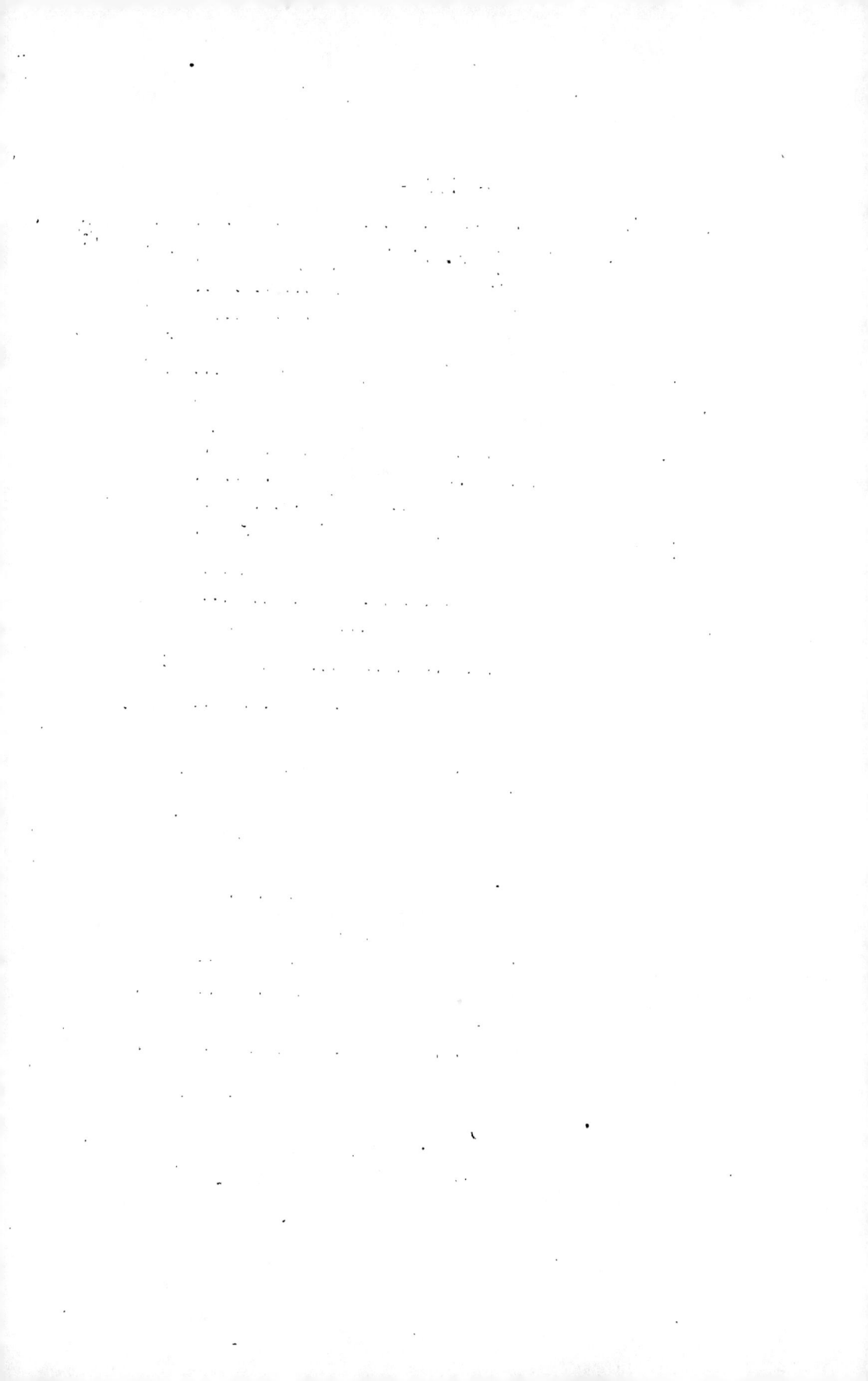

www.ingramcontent.com/pod-product-compliance
Lightning Source LLC
Chambersburg PA
CBHW072000090426
42740CB00011B/2022